U0864327

2018

城市警务研究

第二辑

张跃进 卜安淳 主编

中国人民公安大学出版社
·北 京·

图书在版编目（CIP）数据

2018 城市警务研究. 第二辑 / 张跃进，卜安淳主编. -- 北京 : 中国人民公安大学出版社，2018.7

ISBN 978-7-5653-3355-2

Ⅰ.①2… Ⅱ.①张… ②卜… Ⅲ.①警察－工作－研究－中国 Ⅳ.①D631

中国版本图书馆 CIP 数据核字（2018）第 151350 号

2018 城市警务研究 第二辑

张跃进 卜安淳 主编

出版发行：中国人民公安大学出版社
地　　址：北京市西城区木樨地南里
经　　销：新华书店
邮政编码：100038
印　　刷：北京市科星印刷有限责任公司

版　　次：2018 年 7 月第 1 次
印　　次：2018 年 7 月第 1 次
印　　张：7
开　　本：787 毫米×1092 毫米 1/16
字　　数：141 千字

书　　号：ISBN 978-7-5653-3355-2
定　　价：28.00 元

网　　址：www.cppsup.com.cn www.porclub.com.cn
电子邮箱：zbs@cppsup.com zbs@cppsup.edu.cn

营销中心电话：010-83903254
读者服务部电话（门市）：010-83903257
警官读者俱乐部电话（网购、邮购）：010-83903253
公安业务分社电话：010-83905672

目 录

·现代警务战略·

·警务改革探索·

·城市安全管理·

·警察队伍管理·

·警务智库建设·

大数据时代的警务战略和警务绩效管理

——常熟警方的改革创新经验

城市警务研究中心

摘　要：警务战略必须适应大数据时代经济社会的发展变化和科技的不断进步，借助于高新科技来优化警务战略方案，完善警务战略措施，更好地组织警务力量落实警务战略内容。信息化虽然带来了诸多复杂的社会治安问题，但也为警务工作机制的改革创新带来了全新动力和技术支持。苏州市公安局多年来强调改革创新，创意警务卓有成效。常熟警方围绕源头治理、系统治理、依法治理，依托大数据信息技术建立起社会治安综合治理长效机制。大数据信息技术有利于创新警务工作机制，提高警务工作效能，优化管理机制、提高警务绩效，其中最关键的因素是信息数据的可信、可靠。常熟警方在治安防控、刑事侦查等公安工作的各个环节中，依托高新科技、运用大数据信息技术，建立起了各项信息数据可靠生成的工作机制，保证了各个工作环节所生成的信息数据真实可信，从而为大数据条件下治安防控和刑事侦查等各项公安工作的开展提供了保障，也为警务绩效管理和绩效考核提供了日常化、自动化的途径。

关键词：警务战略　警务绩效管理　绩效考核　大数据时代　常熟警方

为了提升公安工作智能化水平，以机器换人力、以智能增效能，最大限度地释放警力、提高公安机关核心战斗力，2018 年 1 月，公安部成立了全国公安大数据工作领导小组，其主要职责是大力实施公安大数据战略，确保到 2020 年公安信息化建设取得重大进展，维护国家安全和社会稳定的能力有大的提升。公安机关牢固树立大数据思维，加快推进数据流、业务流、管理流融合，充分应用大数据、机器学习、人工智能等新技术，坚持综合研判与专业研判相结合、机关研判与基层研判相衔接，实现对各类风险隐患的敏锐感知、精确预警，可以加快对传统治安防控手段和侦查打击手段的智能化改造，着力构建以信息数据为关键要素的数字巡查防控和侦查打击模式，实现对各类违法犯罪活动的准确预防和精准打击。同时，充分运用大数据技术，还可以提高公安机关警务工作的绩效管理水平，增强警务绩效考核的针对性、精确度和可靠性。近年来，各级公安机关在推进信息化建设、大数据应用上进行了大量的探索和实践，取得了显著成效，有效提升了公安机关的战斗力。

一、大数据时代的警务战略

战略，是一种从全局考虑谋划实现全局目标的规划，故警务战略须从警务工作的全局考虑以规划实现警务工作的全局目标。从军事战略到政治战略、经济战略、文化战略，再到公安机关的警务战略，战略的作用，主要是基于对社会形势、自身及对手的分析，对形势、任务、目标和工作的方式、途径、成效做出恰当的评估判断，并做出全局性的规划安排。在选择战略时需要仔细分析各种有利的和不利的因素，充分考虑政治、经济、社会、人文、地理、环境、知识、技术等各种条件，根据战略目的，确定战略方针，规划战略方案，选择战略措施，组织战略力量，落实战略内容。随着电子网络技术飞速发展，大数据时代到来，公安机关制定警务战略必须适应大数据时代经济社会的发展变化和科技的不断进步，并利用高新科技来优化警务战略方案，完善警务战略措施，更好地组织警力战略力量落实警务战略内容。

电子信息技术的发展对社会的各个方面都有巨大影响，信息化虽然带来了诸多复杂的社会治安问题，但也为警务工作机制的改革创新带来了全新动力和技术支持。为适应信息化时代社会经济的高速发展和社会人口、职业、资金等快速流动形成的瞬息万变的社会形势，面对违法犯罪流动性、复杂性、多元性等特征给公安工作带来的各种挑战，各级公安机关都在积极应对，探索创新。苏州市公安局多年来强调改革创新，其创意警务卓有成效。正是在这样的背景和条件下，常熟警方围绕源头治理、系统治理、依法治理，依托电子信息技术，建立起了社会治安综合治理长效机制。

常熟隶属于江苏省苏州市，位于长三角核心区域，人文历史悠久，科技普及迅速，经济发达，位居全国百强县前列，常年有大批外来人口前来工作生活。目前，常熟全市共有实有人口203.7万，其中常住人口106.9万、外来人口96.8万。在经济社会大发展、人财物大流动、社会治安形势日益复杂的背景下，常熟警方牢固树立“以防为主、打防结合、以打促防”的工作思路，紧密结合本地实际，充分利用高科技新技术，制定并落实适应大数据时代的警务战略。

常熟警方根据大数据条件下社会治安形势和违法犯罪形态的变化趋势，充分运用大数据给公安工作带来的各方面的优势条件，调整优化警务机制，积极探索新的社会治安防控机制和违法犯罪对策机制，坚持向科技信息化要警力，加强社会面巡逻防控，优化侦查工作机制，强化勤务管理，坚持系统化谋划、专业化建设、合成化作战、高效化打击、一体化布防，整个警务工作机制走上良性发展轨道，社会治安防控能力和违法犯罪的治理打击效能显著提升，刑侦工作取得突出成绩，常熟的社会治安环境越来越好。

近十年来，常熟市社会治安形势越来越向稳定安宁的方向发展：一是刑事案件连续十年下降。到2017年，常熟市刑事案件发案率连续十年下降，案件总数从2007年最高峰的2.14万起下降到2017年的8232起，总体降幅达61.6%。其中“两抢”、入室盗窃等侵财案件的发案率都创下历史新低。二是刑侦案件破案率逐年上升。常熟市刑侦案件破案率连续七年保持上升，由15%上升至39%，破案绝对数上升54.1%，其中现行命案保持五年全破，八类案件破案率达到96.5%。三是违法犯罪警情数逐年降低。常熟市万人违法犯罪警情数逐年降低，从2008年的298起降至2017年的147.8起。四是社会公众安全感和满意度不断上升。常熟市社会公众安全感和满意度从2012年的95%和91.5%分别提升至2017年的97.2%和98%。

二、大数据条件下的治安巡防

习近平总书记在党的十九大报告中强调，要提高社会治理社会化、法治化、智能化、专业化水平。其中，“智能化”是构建智能化社会治理平台体系，实现精确、高效、便捷的新型社会治理；“专业化”是着力培养专业的城市管理队伍，用先进的理念、科学的态度、专业的方法、精细的标准，为加强和创新社会治理提供各种专业服务。因此，加快社会治安防控体系建设，保护人民人身权、财产权、人格权是公安机关的重要职责。社会治安防控体系是社会治安综合治理的主要依托。常熟警方着眼于提升维护社会治安的整体效能，依托高新科技建设社会治安防控体系，以“全域覆盖、全网共享、全时可用、全程可控”为目标，深入推进公共安全视频监控建设联网应用工作，实现联网集约化、联网规范化、应用智能化，努力构建全方位的公共安全防控网络。

（一）建设专业治安巡防队伍

常熟警方注重社会治安专业化建设，打造立体化治安巡防工作格局。全局组建了巡特警大队，下设巡逻、卡口、便衣、机动等6类15个中队。在城区，实行防控责任“分解到队，包干到人”的网格化巡逻。针对常熟城区发案量大的特点，将城区划分为40个网格防控单元，由巡特警大队7支专职巡防中队与派出所辖区相对应，依托50个治安岗亭和移动卡口，定人、定岗、定责，实行24小时网格化巡逻，依托警务通对路面可疑人员、车辆进行高密度盘查。2017年，城区专职巡逻警力通过路面盘查围堵抓获违法犯罪嫌疑人360名，其中刑拘以上对象147名。在全市由巡特警大队下设4个卡口中队，全天候值守19个环城查报站和14个环市卡口，配合由派出所负责值守的39个非常设流动治安堵截卡点，共同构筑起环城、环市“两道防线”，加强对出城入市车辆、人员的治安检查，重点防范跨区域流窜犯罪。2017年，环城查报站累计抓获128名违法犯罪嫌疑人，环市卡口累计抓获52名跨区域流窜作案嫌疑人。在农村，充分发挥派出所基础工作“底数清、情况明”的优势，推行“社巡合一”巡逻防控模式，落实社区民警压降警情责任，全局所有社区民警带领社区辅警下沉社区，常态化开展机动巡逻和案件防范宣传工作。

（二）治安巡防的高新科技运用

常熟警方注重信息化引领，提升治安巡防的高新科技含量。

一是织密视频监控巡逻网。在常熟市党委和政府的领导和支持下，常熟警方持续不断推进技防城市建设，常熟全市建成治安监控、高清抓拍、村级监控共2.2万个，布建5000套Wi-Fi嗅探系统，实现城乡主干道路、重点部位治安高清视频全覆盖。目前，全市城区、农村监控覆盖率分别达每平方千米63个和27个。同时，充分整合居民小区、企事业单位监控资源，依托技防街区建设和技防入户推广将社会面近5万路监控全部接入公安内网。依托这些空中监控，在日常巡逻工作中，实现了巡特警大队路面网格警力与指挥中心视侦科监控值守力量无缝对接、错位互补，建立起了路面警力与空中巡逻双向互动机制，有效提升了路面巡逻的针对性和实效性，并通过定期开展实战演练，不断提升实战响应速度。

二是配强信息化单警装备。常熟警方为全局一线民警、辅警配发移动警务通，为所有巡防卡口统一配备“身份证无线刷卡比对终端”，加大对人员、车辆、物品信息盘查采集力度，巡逻盘查、基础管理、重点人员管控工作全部实现信息化作业，做到“采集即录入、录入即比对”。为卡口中队配发4G移动执法车，车上配备通信办公、移动监控、比对盘查等设备，通过警务通移动执法专用设备与路面高清抓拍系统的后台自动碰撞比对，实时向路面警力推送嫌疑车辆动态轨迹信息，大大提升了盘查实战效能，2017年常熟警方利用该设备拦截检查嫌疑车辆256辆、抓获违法犯罪嫌疑人75名。

三是开发实战应用平台。立足实战需求，常熟警方自主开发“常熟公安移动综合应用系统”，突出人、车、物等要素，进行针对性采集，2017年以来，常熟警方通过平台信息预警抓获逃犯61人、查获被盗抢电动车118辆；自主研发兼具打防功能的“情报池”系统，强化案件线索的全警采集、全警共享，2017年以来该平台内上报各类有效线索8215条，为精准防控提供了有力的情报信息支撑；为有效破解移交对象随意、审查对象不力等工作问题，专门开发了“盘查移交工作平台”，实现对违法犯罪嫌疑人员盘查移交程序和后续处理结果的全程跟踪监控，提升了打处效率、防止了战果流失，盘查移交对象打处率达到63.8%。

（三）优化治安巡防机制

常熟警方注重于实战化标准，致力于优化治安巡防工作机制。

一是健全快速响应堵控机制。常熟警方依托警用地理信息基础平台、北斗车载GPS定位系统等科技手段，将全部巡逻警车、警摩全部上图显示，实现对路面巡逻防控警力的扁平化指挥、快速化调度。一旦发生盗抢等重大警情，网格巡防警力3分钟内到达现场，5分钟内就可以形成第一道包围堵控圈，同步下达“关城门”指令，全市治安卡口、治安查报站同时关闭，全市所有常设、非常设卡口同时上岗，巡特警、派出所巡逻警力同时上路，形成第二、三道包围圈，就地开展盘查堵控等工作。2017年最快破获的一起抢劫案件，从报案到合围抓获仅用了15分钟。

二是完善科学动态布警机制。明确巡特警作为巡防牵头部门，每天对全市违法犯罪警情进行深度研判，用情报精准指导防控。巡特警大队专门成立一支由8名民警、60名特警组成的控案机动队，重点围绕违法犯罪高发时段、高发区域，集中投放警力，有效遏制警情高发。在农村建立区域联防工作机制，对农村跨区连片的多发性警情，由巡特警大队协调各派出所，以相邻乡镇为单位，最大限度地整合警力资源，组织开展区域内的联勤联防工作。

三是建立重点盯防机制。为加强防控工作的主动性，由巡特警便衣中队牵头，在各派出所、巡特警中队成立便衣分队，全市组建了一支200人的专职便衣队伍，采取弹性工作模式，专盯难防、难控的团伙惯犯作案，对系列性多发性侵财案件、跨区域流窜案件、涉及串案的高危人员实施精确打击，实现从案后被动侦破到案前精准预判、案中有效掌控、案后快速打处的良性转变。2017年，全市便衣队伍抓获侵财类犯罪嫌疑人234名，占全局侵财类刑事打处对象的21%。

（四）提高治安巡防效能

常熟警方注重精细化管理，有效提升巡防工作质态。

一是明确工作标准。结合工作实际，常熟警方专门制定《常熟巡特警基本勤务及行为纪律指引》，对巡防警力的勤务工作、岗位行为及执勤纪律进行全面规范，明确了警务查报站设卡、路面盘查的具体操作要求，特别是细化了盘查信息采集标准，除了对单警盘查设定量化指标以外，还对盘查质量、重点时段、物品比例逐一明确要求。例如，规定盘查车辆、手机等比例不低于盘查总量的三分之一，每日0时至4时的盘查占比不低于盘查总量的20%，现场盘查必须采全5类主项信息、拍摄3张照片，提高了路面盘查的规范性和震慑力。2017年以来，全局日均盘查可疑人员4000余人次，盘查数据总量达160万条，盘查物品信息53万条，入所采集“六留一建”信息（留照片、指纹、足迹、笔迹、DNA、尿检结果，建基本信息档案）人员2.6万人，45%的刑事拘留对象都有盘查记录。

二是强化过程监管。常熟警方发挥巡特警大队勤务指挥室的实时督查功能，依托GPS车辆动态管理系统、卡口远程监控系统、警务通盘查系统，全天候对卡口的值守情况、巡逻车辆的行驶轨迹、警务通盘查信息等勤务工作开展监督，掌握路面巡防质态，提高路面见警率、管事率。

三是狠抓问题整改。由巡特警大队每天对全市巡防工作数据进行研判分析，依托市局每日研判例会，发现问题并及时下发责任单位核查整改，当天必须反馈核查结果或整改措施，将其纳入部门单位绩效考核，确保了数据规范标准。2017 年，常熟警方通过研判，下发问题数据 667 条，核查整改率达 100%。

三、适应大数据的刑事侦查机制

刑事侦查是公安机关遏制犯罪的主要工作，是维护社会治安，保障社会秩序稳定、人民生活安全的重要手段。为了适应大数据时代的社会治安形势变化，针对违法犯罪形势的新形态，常熟警方依托高新科技，立足合成作战理念，细化落实警务工作责任，在刑事侦查机制上，打破资源分散和信息壁垒，形成打击犯罪合力，全面提升侦查破案效率。

（一）创新刑事侦查机制，改善侦查技术条件

常熟警方建立起刑警牵头、9 个警种部门参加的合成侦查机制，明晰警种责任，针对系列案件、疑难案件每周会商会办，从情报研判、侦查研判到对象抓捕、深挖扩案，形成了“侦指一体、侦研互动、整体联动”的打击犯罪工作链。市局建立了“快速合成侦查”机制，对于重特大案件，第一时间由局领导牵头，刑侦、技侦、网侦、视侦同步上案，对嫌疑对象开展综合研判，在明确人员身份特征后组织全市警力布控抓捕，实现快侦快破。

常熟警方立足规范执法理念，不断提升刑事执法质量，转变片面追求打处绩效理念，将以“侦查终结”为终点的办案思维转变成以“审判终结”为终点的办案思维，切实严格侦查破案中的证据固定。市局制定出台了《刑事案件现场勘查规范》，规范现场采痕流程，根据案件性质对每类案件的重点勘查部位、勘查时间逐一细化标准，保障现场勘查质量；前置案审力量，将案审警力下沉，做好嫌疑对象刑拘后的审讯深挖、侦查补证，确保审透、挤清案件、深挖余罪。五年来，常熟累计“零口供”直诉对象共 68 名。

常熟警方立足科技强侦理念，加大侦查手段建设投入，创新完善信息主导的打击核心机制，全面加大基础数据采集汇聚；以智能信息平台、高密度覆盖的视侦网络体系、优化的研判打击模型为支撑，实现信息技术与刑侦工作的深度融合，有效拓展破案打击增长点。全局投入 650 万元建成苏州地区首家县级 DNA 实验室，建库近 21 万份，受理案件 30323 起，检材 121522 件，建库数、比中数、破案数和串并数四项数据位居江苏省全省区县前列。目前，DNA 实验室正在进一步升级改造，力

争实现两条检测线并轨运作。

（二）强化刑事侦查队伍

常熟警方依托于大数据信息技术，坚持侦查队伍专业化建设，锻造侦查队伍新实力。

一是建强刑侦专业队伍。常熟警方在城区、农村分别成立2支责任区刑警中队，每个责任区刑警中队对应挂钩5至10个派出所，下设侦查探组、现场勘查组、案审组，实现破案侦查关口前移，确保案件打处更专、执法质量更优；理顺责任区刑警中队与派出所、专业队及其他警种部门的关系，明确责任区刑警中队负责对三起或三起以上案件和八类案件中除命案、轻伤案件以外其他案件的侦办；派出所负责对一般刑事案件的侦办，将派出所从繁重的破案任务中解脱出来，专心做实基础工作，两者形成了优势互补、相互支撑的良好格局。

二是建强刑事技术队伍。常熟警方扩充刑事技术中队，明确13类刑事案件和盗窃电瓶、盗窃犬只等侵财案件的现场全部由专职技术员负责勘查；通过专业人才培养和检测技术攻关，先后自创检材提取吸附法、棉签大面积擦拭法、胶带粘取扩增法、改良单根毛囊毛发Chelex-100检验法和传统硅珠扩增法，研发的微量DNA提取检验技术自动化应用法成功申报专利，大幅提升了刑事技术实战转化率。常熟市公安局刑事技术中队于2013年被公安部评为刑事技术一级示范单位，2017年被记集体三等功。2017年，常熟全市共勘查各类案件现场9967起，同比上升10.07%；提取指掌纹、DNA等生物检材近4620份，现场采痕率超过90%。

三是建强视频侦查队伍。常熟警方组建了128人的视侦队伍，围绕重点区域、重点部位开展全天候空中巡逻，全面采集路面疑人、疑车、疑物图像信息，通过将特征标签的方式做大“价值图像库”，丰富了破案资源；遇有突发案件，视侦队伍高效反应，运用高清图像比对、视频轨迹追踪等技术手段，与路面警力同步合围抓捕，全力服务刑侦破案工作。2017年，视侦队伍通过视频接力抓获各类嫌疑人413名，侦破刑事案件262起。

（三）提高侦查破案能力

常熟警方坚持合成化作战，构建侦破打击新机制，不断提高刑事案件的侦破能力。

一是推动信息共享。常熟警方自主研发的“情报池”平台，根据案件侦查流程，将每起案件进行分段切割，引导各警种、各部门围绕自身职能有序开展工作。案发后，派出所负责调查走访、收集案发地周围监控信息数据；技术部门负责现场勘查，采集指纹、DNA等痕迹物证；其他配侦部门按照相应职能开展工作并上报线索。通过加强对平台内线索上报率、战果转化率的考核，形成全警围绕案件采集线索、发布线索、共享线索的良好机制和工作氛围。近四年来，围绕“情报池”从警务大平台自动导入 3.7 万起刑事案件，收集上报线索 6.1 万条，其中有效线索 4.4 万条。

二是规范情报流转。依托“情报池”平台，常熟警方对线索采集、流转和落地环节进行全面规范，由情报部门对“情报池”上报线索进行实时审核，需要进一步侦查取证的，通过平台“二次流转”下发相应部门，责任部门在规定时间内完成签收反馈，保证所有侦查指令都能得到快速流转、迅速落地。侦破案件后，情报部门根据平台线索流转记录，按照线索贡献度大小，对提供关键线索和抓捕嫌疑人有功的人员、单位分别给予考核加分，打破以往破案只看结果、不看过程的弊端，全面规范了情报线索流转途径。

三是精准管理运作。常熟警方建立派出所、业务部门、市局三级研判体系，健全日检查、周通报、月调度工作机制，将各单位指纹、DNA、足迹、线索上报等情况综合排名，全面抓实对刑侦业务数据的监测分析，动态开展调度处置和问题督办，并将其与考核结果挂钩，确保工作质态良性运转；固化案例剖析、旁听庭审、集体通案、合成侦查机制，建立健全执法责任清单制度，构建起严格规范的案件主办责任体系，实现办案责、权、利相统一。

（四）强化侦破打击效能

常熟警方的刑事侦查工作坚持高效化的侦破打击，侦破打击效能不断提升。

一是快侦快破大要恶性案件。在命案侦破方面，常熟警方从依靠人海战术、兵团作战向依靠信息技术手段、多警种合成侦查的集约高效破案模式转变，破案周期不断缩短，破案成本大幅降低，现行命案连续五年保持全破，近三年命案平均侦破周期均在 12 个小时以内。同时，常熟警方持续加大专案攻坚力度，在 2017 年江苏省公安厅组织的“侦破命案积案专项行动”中，连破两起十年以上命案积案。

二是串破多破传统侵财案件。常熟警方开发“情报池”智能串并案模块，以刑事案件信息、痕迹物证信息、案件电子笔录为基础，从案情特征、文本比对和研判碰撞三个点入手，对每起侵财案件的作案时间、地点、手段等赋予基本特征值，通过对特征值进行提取分析，比对串并和侦查破案效率大幅提升。经过持续的努力，全市盗窃案件从 2011 年的 10429 起降至 2017 年的 4302 起，破案绝对数上升 30.2%，破案率从 11.3% 上升至 35.5%。其中，入室盗窃案件从 2011 年的 4556 起降至 2017 年的 1235 起，破案率从 12% 上升至 32.2%；盗窃电瓶车案件从 2011 年的 2209 起降至 2017 年的 436 起，破案绝对数上升 20.8%，破案率从 9.1% 上升至 56%。

三是创新侦破涉网新型案件。在电信网络诈骗案件侦办方面，常熟警方建立专人盯案、上下联动和横向协作机制，抽调 6 名警力成立反诈小组，从资金、信息、人员方面入手，每日对接报案件进行深度分析，定期联合网警、技侦部门开展合成研判，案件侦破取得初步成效。2017 年全市共侦破电信网络诈骗案件 89 起，同比上升 30.9%；破案率达 4.5%，同比上升 1.53%。在网络涉枪案件侦破方面，以“打击制贩枪支犯罪专项行动”为契机，紧盯线索、深挖细查，经过历时 3 个月、辗转 9 省 20 市的艰苦侦查，在“十九大”安保关键时期，在多省开展收网抓捕行动，捣毁制贩枪窝点 5 个、抓获非法买卖枪支犯罪嫌疑人 34 人、查获制枪弹设备 6 台、各类枪支 1241 支以及枪支零配件、弹药万余件，成功破获了 2 起公安部目标案件，得到了公安部、省厅和苏州市局的高度肯定。

四是全力攻坚疑难复杂案件。常熟警方整合“情报池”中的海量信息数据，运用自定义战法模块，将研判素材按照“人员、车辆、案件”进行分类，自定义搭建研判分析模型，自动筛选出符合案件描述条件的人员、车辆等关键信息，使侦查目标迅速浮出水面，有效解决了以往疑难复杂案件在多个数据系统辗转捕捉线索难的问题，全面提高了研判效率。

四、大数据信息技术与警务绩效管理

绩效管理是各级管理者和工作人员为了达到组织目标而共同参与的“绩效计划制订—绩效辅导沟通—绩效考核评价—绩效结果应用—绩效目标提升”的持续循环过程，绩效管理的目的是持续提升个人、部门和组织等各方面的绩效。其中，绩效考核评价是绩效管理的核心环节，只有建立公平公正的评估系统，对员工和组织的绩效做出准确的衡量，才能对业绩优异者进行奖励，对绩效低下者进行鞭策，使绩效管理机制发挥积极的作用。

绩效考核是指考核主体对照工作目标和绩效标准，用考核的方式评定考核对象的任务完成情况、职责履行程度和业绩发展前途等情况，并将评定结果反馈给考核对象的过程。作为绩效管理的一种手段，绩效考核通常很受企业管理者重视。改革开放以来，我国各级政府部门也越来越重视绩效管理和绩效考核。公安机关作为政府的重要组成部分，在改革创新的过程中，也逐渐将警务工作绩效考核作为一个重要环节。

有关绩效考核的研究很多，针对政府部门绩效考核的研究也不少，对于警务绩效考核，近年来也有专门的研究。结合电子网络技术的迅速发展，在大数据时代背景下，人们往往注重于研究电子技术和大数据给绩效考核提供的技术支持和数据支持，研究如何利用电子技术和数据把考核方式、过程、项目、标准、内容、评价、反馈等做得更加科学、合理和精细。这些无疑都是重要的。但是，电子网络技术，尤其是大数据信息技术，对于绩效管理和绩效考核，正在产生更为重要的影响作用，甚至可能形成对现有绩效考核方式方法的颠覆性影响，从而促使绩效考核的方式方法产生巨大变革。

大数据作为新一代信息技术，其推动工作机制创新和工作效能提高，最关键的因素是信息数据的可信度。依托大数据信息技术优化管理机制、提高管理效能，其最关键因素也是信息数据的可信度。常熟市公安局在治安防控、刑事侦查等各项公安工作的各个环节中依托高新科技、运用大数据信息技术，建立起了各项信息数据可靠生成的工作机制。正是这种工作机制，保障了各个警务工作环节所生成的警务信息数据的真实可信，从而为大数据条件下治安防控和刑事侦查等各项警务工作的开展提供了高效能和高质量的有力保障。同时，这样一种各个工作环节都能生成可靠信息数据的工作机制，又为警务工作绩效管理提供了可靠而便捷的自动化途径。尤其是对于警务绩效考核来说，这种工作机制不仅使绩效管理者能方便地获取到各个方面工作绩效的可靠数据，而且能随时获取到各项工作各个时间段的绩效数据，从而使绩效考核日常化、随时化、自动化。这种工作机制不仅可以使绩效管理和绩效考核进一步准确、精细，还可以使绩效管理和绩效考核进一步明晰、简便。实际上，在绩效管理机构及其人员展开绩效考核的具体工作之前，警务工作者们就已对自己的工作绩效做到心中有数，并可据此改善优化自己的工作。中层、高层的管理者，也可以依据各项工作、各个环节的信息数据，了解掌握各方面工作的进展和效能状况，从而及时优化各项管理工作。常熟警方正是依靠这种各个工作环节都能生成可靠信息数据的工作机制，使得全局各个方面的工作都步入良性循环。全局民警轻轻松松上下班，高高兴兴做工作，加班加点越来越少，工作效能大幅提高。

公安机关要不要搞警务绩效考核？什么样的警务绩效考核才是科学有效的？常熟警方几年来依托高新科技及大数据信息技术的改革创新实践，给我们提供了全新的答案：警务绩效管理不能少，警务绩效考核很重要，但以往那种绩效管理和绩效考核的方式方法，如简单地下达刚性考核指标、仅以考核结果论英雄等，已经不能适应大数据时代警务绩效管理的需要，到了大数据时代需要改革创新。

常熟警方更多地突出警务工作流程进行考核，主要依赖于大数据信息技术提供的高度可信的信息数据。这样的考核，可以导向实事求是、真抓实干尤其是不断夯实基层基础，有效避免因为考核指标过于刚性和简单注重结果而导致的“重考核而轻工作”的不实作风，杜绝考核数据上的弄虚作假。绩效是过程和结果的统一体，警务绩效管理必须强调对绩效取得过程和结果的平衡管理。同时，依托“情报池”平台，对线索采集、流转和落地环节进行全面规范，相关部门各项上报线索实时审核，下发相应部门处理，相应责任部门在规定时间内完成签收反馈，保证所有工作指令都能得到快速流转、迅速落地。重大工作完成后，根据平台线索流转记录，按照线索贡献度大小，对提供关键线索及相关有功的人员、单位分别给予考核加分。这样一种寓绩效考核于日常工作流程的绩效管理方式，既是大数据信息技术提供给我们的重要资源，也是常熟警方的改革创新提供给我们的成功实践经验。

为了确保警队战略目标的实现，需要在警务绩效管理的过程中将警队的战略目标转化为确定周期内的警务绩效目标，再将警务绩效目标转化为可以衡量的警务绩效评价指标，从而将警队战略目标的实现具体落实到各个警种部门和每位民警（辅警）。在大数据信息技术条件下，新型的警务工作机制建立起来，对公安机关、基层所队和民警（辅警）个人的绩效评价，需要从工作过程和工作结果两个方面设计、规划和落实。在明晰警队的使命、核心价值观、愿景、战略，明确警队阶段性的工作任务的前提下，在建构起适应大数据条件的警务工作机制的基础上，全新地规划设置警务绩效管理和警务绩效考核的方式方法。

常熟警方围绕构建源头治理、系统治理、依法治理和综合治理长效机制，久久为功，十年如一日，主要领导先后换了三任，一任接着一任干，适应高新科技带来的社会治安形势变化，改革创新，成功建立起适应大数据时代的新型警务工作机制。这一新时代下“平安常熟”的成功实践经验，破解了一些长期争论不休、疑惑不解的问题，让我们对究竟如何有效地推进城市警务的战略发展、如何规划并实施战略性警务绩效考核和管理，有了新的思考路径。常熟警方改革创新的成功实践，为各级公安机关推进发展战略警务，推进大数据条件下的警务战略和警务绩效管理，提供了很好的启示。

加快推进警务大数据战略步伐
有效预防城市公共安全风险的对策建议

张跃进 *

摘 要：公安机关在警务大数据助力城市平安建设和预防安全风险方面做了不少有益的探索和实践，但区域发展不平衡，各地公安机关在思维理念、具体建设和运用上差距较大，并且存在警务结构不合理、集约化作战机制运行不充分、绩效考核不科学等问题。城市警方务必以《关于推进城市安全发展的意见》为指导，加快推进警务大数据和智能警务发展战略。公安部和省级公安机关应加强系统规划城市警务大数据和智能警务的顶层设计与高端统筹协调，指导城市公安机关有效开展警务大数据和智能警务的规划制定和实施，统筹协调和组织推广实用管用的智能系统模型，全面提升城市公共安全治理的智能化水平。同时，我们要从调整警务布局和结构来切入，从建立健全警务集约化机制上下功夫，从科学绩效考核来引导和保障，助力警务大数据和智能警务。

关键词：警务大数据 智能警务 公安机关

2018 年年初，中共中央办公厅和国务院办公厅印发了《关于推进城市安全发展的意见》。其针对当前城市运行系统日益复杂、各类安全风险不断增大等突出问题，系统提出了推进城市安全发展特别是预防和减少安全风险的目标、任务和措施，尤其强调指出要关口前移、预防为主，创新智慧化风险治理模式，提升公共安全治理效能，为全国城市公安机关推进平安建设和增强预防安全风险能力指明了方向。各地城市警方应该抓住各级党委政府高度重视城市安全发展的有利契机，以加快推进警务大数据和智能警务来预防、减少公共安全风险，迅速提升预防各类公共安全风险的能力。

* 张跃进，公安部公安发展战略研究所研究员，江苏省公安厅“三长”学校校长，苏州市警察协会主席。

一、目前存在的主要问题

近年来，各地公安机关特别是城市公安机关根据公安部党委的部署要求，在推进城市平安建设和构建立体化、现代化治安防控体系建设方面，做了大量工作，取得了显著成效，特别是在警务大数据助力城市平安建设和预防安全风险方面，做了不少有益的探索，但实践中也存在一些问题。

（一）区域发展不平衡。一方面，认识上存在不足。有些城市警方还没有从警务发展战略的层面来认识警务大数据和智能警务，只是把它作为解决某些城市安全问题的手段，甚至只是从破案打处的工具等战术层面来看待警务大数据和智能警务。另一方面，建设和运用上差距较大。有的城市警方智能警务起步早、抓得紧，警务大数据建设和运用已经系统化、规模化，并在实际工作中日益发挥出重要作用；有些城市警方智能警务相对起步晚、抓得不够紧，警务大数据建设和运用的情况不够理想，并妨碍了大数据作为警务发展主要“驱动力”的功能发挥。

（二）系统规划不到位。尽管有些城市警方已经制定实施了智能警务发展战略，也已取得了可喜的成果，但相当多的地方对于如何把警务大数据的建设和智能运用作为整个城市警务发展和公共安全治理的重要战略，还缺乏系统化的构思和谋划，甚至有些城市至今没有这方面的系统性规划，常常是换一个主要领导换一套思路，警务大数据的建设和智能运用还处于“单项性”和“碎片化”的状态。

（三）警务结构不合理。高效的警务大数据建设和运用，关键在于“有数据”“上网在线”和“智能运用”三要素，核心是要“有数据”，特别是全面、鲜活和准确的基础数据，因此迫切需要让基层派出所有警力、有精力采集大量基础性数据。但客观情况是，基层派出所普遍忙于应付维稳、防恐、破案打处等许多本应由专业警种部门承担的警务工作，加上大量的接处警、服务群众等事务性工作，影响其完成本应承担的人口管理、治安防控、公共安全监督管理等基础性工作，因此很难将这些工作形成的数据全面、准确地输入系统，不仅使许多智能模型缺乏数据不能发挥应有的作用，而且很难形成机关、专业队和派出所优势互补、相互助力的格局。

（四）集约化作战机制运行不充分。一方面，各警种、部门之间的数据网上共享不充分，存在警种之间的信息数据壁垒，还有其他政府部门的大量与警务工作相关的数据没有很好地整合进来。另一方面，维稳、反恐、破案打击、公共安全监管等主要警务工作还没有真正形成以警务大数据为载体的全流程、一体化、集约化运作的“工作链”，合成作战仍然停留在一些大的案件、事件和事故的处置上，既不利于警务大数据的建设和运用，也影响了警务效能的提高。

（五）绩效考核不科学。许多地方的警务绩效考核不仅没有鲜明的导向、没有助力警务大数据建设和运用，甚至还把绩效考核与警务大数据的建设和运用相割裂，认为警务大数据与现实的警务工作没有太大关系，客观上导致各级特别是基层只顾忙于眼前的一些警务工作绩效指标，而忽视全面、准确的数据采集和运用，甚至有的为了完成考核指标而弄虚作假，“凑数据”“搞数据”。这不仅妨碍了警务大数据在城市公共安全治理中重要功能的发挥，而且客观上削弱了基层基础工作，导致一些城市公共安全治理始终摆脱不了“突击性集中整治”和“运动式执法”。

此外，大数据警务智能系统模型量多质不高。从各地的情况来看，尽管有些城市特别是现代化水平较高的大城市的警务智能系统模型有一定的数量和水准，但往往是“孤芳自赏”，不愿与人“共享”，而且也缺乏上级机关在组织推广方面的统筹协调，由此导致各地只顾创建自己的智能模型，消耗了大量的人力、物力和财力，但真正成为更大区域甚至全国性普遍使用的高质量的警务智能系统不多，规模效应大大受限。

二、相关对策建议

城市安全发展特别是预防城市公共安全风险，已成为国家治理体系和能力现代化的重要任务之一，加快推进警务大数据和智能警务，有效地预防城市公共安全风险已成为警方的重要责任。城市警方务必以中办、国办印发的《关于推进城市安全发展的意见》为指导，加快推进警务大数据和智能警务发展战略。对此，笔者提出以下几条建议：

（一）从战略发展层面推进警务大数据和智能警务。我们要学习借鉴国内外一些城市警方先进的理念和思路，认真对城市公共安全进行战略谋划，并将警务大数据建设和运用作为一项重要的战略，贯穿于警务发展的全过程和各方面。各地都要围绕城市安全发展特别是城市公共安全治理开展工作，在充分调查研究的基础上，制定同步推进警务大数据和智能警务的战略规划，形成本地公共安全的治理目标、重点、对策、措施和阶段性任务，并有效组织实施。

（二）从顶层设计和系统规划入手推进警务大数据和智能警务。城市公共安全治理的智能化建设，要从上到下进行系统设计和规划，系统性研究建设和运用的目标任务和推进的方法路径。公安部和省级公安机关应加强城市警务大数据和智能警务的顶层设计与高端统筹协调，统筹协调和组织推广实用管用的智能系统模型，全面提升城市公共安全治理的智能化水平。各城市警方都应该有公共安全治理特别是风险预防智能化建设的系统设计和规划，一旦系统性规划确定，除了必要的优化调整外，都应一以贯之组织推进，不因城市警方主要负责人的更替而轻易改变，从组织和制度上确保城市公共安全智能化战略目标的实现。

（三）从警务布局和结构调整切入推进警务大数据和智能警务。我们要围绕警务大数据的建设和智能运用，调整警务布局和结构。苏州等地推行的“四做”警务布局和结构值得倡导，即做优机关，更好地为基层提供服务；做强专业队，让专业警种承担维稳、反恐、破案打处和公共安全监管等专业职能，真正为派出所等基层警队减负，使之更好地承担基础信息数据采集的任务；做实派出所和做精社区警务，让基层派出所和社区民警有时间、有精力扎扎实实做好基层基础工作，全面、准确和鲜活地采集各种基础性信息数据，从而形成优势互补和相互反哺并有助于警务大数据和智能警务良性发展的格局。

（四）从建立健全警务集约化机制上下功夫推进警务大数据和智能警务。我们要全面打破警队内部的信息壁垒，在确保信息数据安全的前提下，真正实现数据共享；要借助国家大力推进城市安全发展的契机，最大限度地整合政府各部门和各类社会信息数据，形成更大范围的信息数据共享。与此同时，我们要不断建立健全基于警务大数据平台的合成作战机制，形成各警种各部门在公共安全治理特别是安全风险预防上的一体化、集约化运作格局，改变战斗力生成模式，最大限度地提高警务效能，增强预防城市公共安全的实力和能力。

（五）从科学绩效考核的引导和保障来助力警务大数据和智能警务。科学的警务绩效考核，对当前的城市警务工作，以及包括城市公共安全在内的长远警务发展至关重要。我们要从根本上增强城市公共安全治理能力和预防安全风险的角度出发，科学地设置警务绩效考核，重点加强警务大数据战略规划和实施，特别是要围绕“有数据”“上网在线”“智能运用”这三个要素，科学合理地设置和组织考核，使警务绩效考核成为有效推进警务大数据和智能警务的导向和动力，成为基础信息数据采集、各类数据共享和高效智能运用的重要推手，把各级特别是基层公安机关从毫无意义的数字指标中解脱出来，多做打基础、管长远的事。

关于实施"三网三机制"现代警务策略的实践与思考

蒋祖华*

摘 要：无锡市公安局把握新时代、新特点带来的新变化、新要求，建设"技防网""数据网""巡防网"（以下简称"三网"），建立联合指挥机制、合成研判机制、合成打击机制（以下简称"三机制"），在思想理念、体制机制、素质能力、执法质态、警务效能等方面取得新的突破，实现警务模式"合成化、实战化"，警务运行"主动型、进攻型"，警务实战"可视化、精准化"，治安掌控"多元化、信息化"，情报研判"智能化、智慧化"，勤务管理"精细化、规范化"六个全面转型升级，"三网三机制"建设已成为现代警务发展的"无锡样板"。实践表明，如何有机整合各方资源，更广泛、更高效地应用各方资源，是推进现代警务机制建设的核心难题，树立合成理念，走融合发展之路是公安机关实现警务发展战略目标的有效路径。

关键词：现代警务 三网三机制 无锡

近年来，无锡市公安局坚持以问题为导向，以改革为引领，以创新为动力，提出了在"十三五"时期把无锡市打造成"平安建设示范区、智慧警务先导区、民生公安引领区、现代化职业警队"的警务战略目标，通过建设技防、数据、巡防"三网"，建立完善联合指挥、合成研判、合成打击"三机制"，主动探索"三网三机制"警务策略，生成了"数据警务"新能源，开启了"智防警务"新模式，衍生了"合成警务"新机制，夯实了公安工作基础，有力推动了无锡公安工作高水平发展。

一、实施"三网三机制"现代警务策略的重要意义

2016年，中央把立体化信息化社会治安防控体系建设上升为国家治安治理的基

* 蒋祖华，江苏省无锡市公安局指挥中心主任。

本方略。无锡市公安局党委为实现“三区一队”的“十三五”时期警务发展战略目标，提出“三网三机制”警务策略并着手实施，为建设新时代社会治安防控体系、破解公安发展诸多难题进行了十分重要的改革探索。

（一）“三网三机制”现代警务策略是实施“三区一队”警务发展战略的基础工程。“三区一队”建设警务发展战略目标，平安建设是核心，智慧警务是新动力，民生公安是落脚点，现代化职业警队是基本保障，“示范区”“先导区”“引领区”是建设标准。从实现“三区一队”战略目标的要求来看，公安机关长期形成的按部就班、静止不变、单打独斗的传统勤务方式，已成为制约实现“三区一队”警务发展战略目标的难题。特别是在政治安全风险突出、维护稳定压力增大、经济金融风险加剧、公共安全隐患突出、治安状况愈趋复杂的严峻形势下，实现“三区一队”警务战略目标，打造平安建设示范区、民生公安引领区，当务之急是改革创新传统落后的勤务机制。建立完善合成指挥、合成研判、合成打击机制，是实现平安建设、民生公安迫切需要的基本勤务运行制度。从现代警务发展的基础来看，日新月异的技防手段、互联网时代的信息数据以及大数据、互联网下的治安防控网，必然成为实现现代警务战略目标亟须补充完善的重要元素。无锡市公安局把“技防网”“数据网”“巡防网”等基础工程建设作为实施“三区一队”现代警务发展的基本策略，把握住新时代、新特点带来的新变化、新要求，尤其是各类丰富的数据资源、科技手段，都对无锡公安建设智慧警务先导区起到了重要的推动作用。从打造职业化警队的角度来看，建设“三网三机制”对公安队伍提出了更高要求，高科技、大数据及由此而来的现代警务机制，需要一支现代化职业警队去谋划、建设、运作和实施。也就是说，随着“三网三机制”现代警务策略的实施，现代化职业警队会自然形成。所以，“三网三机制”建设是打造现代化职业警队的智慧工程，是实施“三区一队”警务发展战略的基础工程。

（二）实施“三网三机制”现代警务策略是深化新时代社会治安防控体系建设的核心要素。新时代社会治安防控体系要求按照“立体化、信息化”构建空间全时段、地域全覆盖、社会全参与，以及现实与虚拟、国家与地方、政府与社会、城市与乡村“四个层面”相互协同、有机结合的治安防控体系。无锡市公安局高度重视治安防控体系建设，逐步形成了“街面巡逻防控网、城乡社区村庄防控网、单位和行业场所防控网、区域警务协作网、技术视频防控网、网络社会防控网”和“情报信息预警机制、警务实战指挥机制、实战勤务运行机制、绩效考评机制”的“六张网、四机制”治安防控体系。可以看出，“六张网、四机制”比较完整，也在不断创新发展，但还有许多不足和不适应之处。例如，在大数据背景下，社会治安的“立体化”防控，必须强调数据和信息的关键性、基础性作用，通过大数据分析，对社会治安防控中的问题进行预测，展现传统技术方式难以展现的关联关系，实现对各种风险的自动识别和预警，由此预防各类不安全、不稳定事件的发生。在高科技飞速发展的新时代，网络逐渐造就了人们新的生活方式，以往的治安防控体系运作机制已极不适应，大数据作为新时代的新事物、新资源、新动力，亟须纳入新时代的治安防控体系。建立以大数据为基础、高科技为手段、情报信息为主导、职业化机动队伍为重点的多维度、多层次、全覆盖的现代化勤务机制势在必行，联合指挥、合成研判、合成打击等警务勤务机制建设，成为构建立体化、信息化社会治安防控体系最基础、最重要的核心要素。

（三）“三网三机制”现代警务策略是破解当前公安工作发展难题的迫切需求。首先，大数据、互联网时代对现代警务提出了新要求。信息化、互联网、大数据使社会步入了实时、交互、快捷、高频的“微时代”，新的工作理念、科技手段、运行方式、保障制度让我们对引发的新的不安全因素难以预测、难以处置。例如，恐怖主义袭击、未知流行病、生态环境危机、金融危机等在新媒介传播下，增加了引发社会恐慌的可能性；网络成为毒品、色情、暴力、犯罪的“黑色空间”、渠道和手段，非接触性新型犯罪大量增多。其次，新社会形态、新社会需求为公安发展带来了新难题。例如，经济社会变革带来就业选择市场化、居住社区复杂化、家庭功能衰弱化等，给公安机关的社会矛盾化解、社会治安管理、社会风险控制、打击预防犯罪、规范执法服务、队伍建设管理等带来新的要求。最后，对旧思想、老模式的坚守给当前运行的警务机制提出了新挑战。例如，以户口为核心的社会治安管理模式已严重不适应新时代的需求，但仍然是社区警务的主要勤务方式；以人力资源为主要力量、以装备设施为主要手段的巡控勤务方式已难以适应日趋严峻的新形势，但人们仍然企图通过无限地增加人力、资源、经费、装备等投入解决巡控盲点不断增加、人民群众见警率不高、巡防效率质态不到位等问题；以“由案到人”为主要方式的侦查破案机制，虽然逃不出“慢作为、低效能”的怪圈，但仍然是公安机关打击犯罪的一项“坚不可摧”的制度。公安机关“资源分散、分工过细、单打独斗、人力不足、能力不强、手段落后、效率不高”等问题，已成为制约反恐维稳、治安管控、执法办案、打击犯罪的“拦路虎”，而理念落后、体制传统、机制不畅、基础不牢、支撑不力等是出现这些难题的根本原因。实施“三网三机制”现代警务策略是重点突破“旧思想、老模式”的有效途径。

二、“三网三机制”现代警务策略在无锡实践的成功经验

自实施“三网三机制”现代警务策略以来，无锡公安工作在思想理念、体制机制、素质能力、执法质态、警务效能等方面都取得了新的突破，实现了警务模式“合成化、实战化”，警务运行“主动型、进攻型”，警务实战“可视化、精准化”，治安掌

控“多元化、信息化”，情报研判“智能化、智慧化”，勤务管理“精细化、规范化”六个全面转型升级。“三网三机制”建设成为了现代警务发展的“无锡样板”。

（一）“数据警务”生成警务工作“新能源”

无锡市公安局通过组织基础信息采集、交换政府部门数据、购买物流寄递等网络信息，建设公安大数据云平台，开发“云搜索”综合查询平台等工作，实现了“源头数据采聚由人工采集为主向人工智能采集并重转型，软硬件基础设施由多层架构向云计算架构转型，应用服务由零散重复、烦琐低效向集约合成、智能应用转型”的“三个转型”，形成以大数据智能应用为核心的警务新模式，不断生成面向公安民警的“数据支撑力”、面向人民群众的“数据服务力”、针对犯罪分子的“数据威慑力”。

一是织密“数据天网”，制定出台警务基础数据采集目录清单、责任清单和工作规范，每年制定社会信息资源汇聚任务，组织各地各警种部门采取部门交换、市场购买、服务获取、合作共建等多元化方式汇聚社会信息资源，并建设、完善政法大数据共享应用服务平台、政府部门数据交换共享协作平台和社会数据自主导入系统；先后建设应用了车辆大数据、“汽车电子围栏”、人像抓拍比对、“雄关”工程等数据自动采集项目，整合汇聚了公安内外部数据信息 50 余亿条。

二是升级“警务大脑”，推进云计算平台建设，初步建成统一管理、统筹分配的计算、存储资源池；对汇聚的包括动态轨迹在内的海量数据进行筛选、过滤、分类、关联等预处理，建立公安综合数据库、专题应用数据库和重点人员、车辆、人像三大专题缉控库，为全局各类业务应用系统提供了 25 类数据资源总线服务接口；建设云监测、安全审计、数据采聚集管理等系统平台，依托开展数据采集质态检查监测和提示整改、业务数据统计和可视化展示、违规查询信息行为监测和数据采聚任务积分考核奖惩，保障了数据质量和采聚效率的提升，确保了数据使用安全。在实战应用服务方面，建成了“云搜索”平台，建立了人、车、案 3 类 24 个维度的全息关联档案，开发了同音字检索、单类和批量高级检索、轨迹比对、关系人综合分析等十大基础分析工具；初步建成了“云挖掘”平台，开发了数据导入、数据提取、数据筛选、自主比对等 7 类基础工具和背景核查、关系人员、轨迹排查、文本分析等 8 类专题工具，满足在线受理反馈各警种部门和基层民警提出的人员稳控、专案侦查、情报研判等方面数据定制服务请求；一些警种部门还自主研发或引进了一批警务大数据应用系统平台和实战研判工具，在指挥调度、情报研判、打击防范、交通和场所行业管理等方面发挥了日益重要的作用。

三是建立“大数据 +N”机制，建立一批大数据警务实战应用机制，充分发挥警务大数据在人员管控、打击防范、应急处置、情报研判、民生服务、治安管理等方面的重要作用；建立“大数据 + 指挥服务”机制，围绕重大突发案事件实战指挥应用需要，全面汇聚整合110接处警、防控力量、装备资源，以及视频监控、无线通信、位置信号等数据资源，综合应用可视化指挥调度平台、数字电台、“动中通”、4G图传、单兵图传等装备手段，实现对一线街面民警的实时调度、可视指挥、高效处置；建立“大数据+重点人员动态管控”机制，围绕各类重点人员动态管控、风险预测需要，以社区重点人员管控、网格化社会治理和PGIS“一标三实”基础信息采集为依托，全面汇聚整合各类基础身份信息、潜在风险隐患、互联网虚拟信息、移动通信设备机主信息，以及网上网下实时监测和研判信息；建立“大数据+警情案件动态研判”机制，汇聚整合接警、处警、案件、嫌疑人、犯罪手段特征、有价值的视频图像等信息和数据，以及检察院、法院、司法局、监狱等部门采集的各类数据，结合涉稳和盗抢骗、通信网络诈骗等民生热点案件开展警情大数据动态监测和研判分析，对敏感警情第一时间预警、第一时间辅助决策、第一时间依法处置；建立“大数据+安全监管”机制，围绕交通管理、消防管理、寄递业管理、危险物品管理等重点领域，汇聚整合易发生事故的重点单位、区域、部位、路段智能感知数据、潜在风险隐患数据，寄递物流运单数据、寄递业从业人员数据，危险物品、运输车辆及驾驶员、押运员等数据，引入机器学习方法探索公共安全领域风险隐患预测预警应用；建立“大数据+侦查打击”机制，围绕反恐维稳、侦查破案等实战应用需要，全面汇聚整合车辆轨迹、民航铁路客运、公路客运、旅馆住宿、网吧上网等实体社会轨迹数据，以及空中、网上活动轨迹数据，人像、车辆等视频图像数据，实现基于时空模式的伴随分析和团伙挖掘，通过类案关联碰撞，第一时间发现并预警违法犯罪嫌疑人；建立“大数据+民生服务”机制，围绕户政、交警、出入境等证照在线办理需求和警务公开、信息查询、报警求助、投诉举报、民意调查等群众信息应用要求，进一步深化完善“互联网+微警务”工作模式，群众申报、登记的各类数据全部汇入警务云平台，办理进度、结果数据及时返回“互联网+”前端软件和旗舰平台，通过主动推送方式第一时间点对点告知，切实提升服务群众的智能度和透明度。

（二）“智防警务”开启治安防控“新模式”

在全面强化技防、巡防、物防基础建设的同时，坚持智慧导防理念，依托各种技防设施特别是监控资源，以及历年案事件、地理信息系统等多种业务数据，运用现代化智能分析预测技术手段开展综合分析，有力推进防控模式在大数据条件下的信息化与智能化，实现警务防控从“被动型防控”向“主动型防控”的转变。一是夯实智慧防控基础，通过启动“织密补盲、提档增效”攻坚行动和“雪亮工程”，全市新建改建、公安自建一批高清监控探头，重点公共区域前端探头100%完成升级改建；接入一批视频图像资源，视频监控高清传输干线100%完成；社会监控前端设备建档率、上图标注率达到100%，“雪亮工程”核心平台被确定为国家级改革试点项目；通过建立健全巡防体系，建强巡防专业队伍，调整优化防控区域，创新巡防科技手段，完善巡防勤务机制，建成了市、区、街道乡镇、社区“四级巡防网络”；明确并落实了巡防区域、重点巡线、街面警务工作站、巡逻必到点的巡防职责，广泛动员群防群治力量参与巡防工作；优化了治安卡口、查报站、移动智能卡口功能；建立了合成处突机动队、PTU作战单元、两级巡防专业队、派出所巡逻处警中队。二是健全智慧防控机制，实施以情报信息主导巡控，落实有警接警、无警巡逻、监巡对接、情巡一体、智能布防的智慧防控机制，切实提升防控工作的系统性、协同性、整体性，全面提升防控工作质效，如建立监巡对接机制，改变单纯依靠人力和装备的“撒网式”巡防模式，采取“空中视频＋地面部队”的“叠加式”巡防模式，既拓展防控空间范围，有效消除防控盲区，又提高防控效率，节约警力资源；建立智能布防机制，依托犯罪预测系统等，建立预测模型，根据大数据分析结果，对勤务力量进行科学布防，动态化地向预测高概率发生违法犯罪活动的地区分配更多警力，主动实施针对性干预措施，提高预防犯罪、压降犯罪的效果。建立智能防控监管机制，依托智能实战指挥系统，依托监控设备、网络地图、单兵定位等，对巡控勤务力量进行动态化、实时化监管，防控勤务监管模式由传统的人工统计“打更式”转变为定点定位“智能式”，既有效提高了监管效率，改善了监管效果，又促进了防控质态的突破性提升。三是丰富智慧防控手段。开发建设了“天眼”人脸识别、“雄关”人员特征信息识别、“远程识别报警”等智能化视频监控系统，“违法犯罪预测”“汽车电子围栏”等智能化数据分析系统，警用无人机、巡防APP、“梁溪守卫者”等一批智能分析工具，在侦查破案、专项维稳、大型安保、人员管控中发挥了作用，治安防控质态进一步提升。

（三）“合成警务”衍生警务运行“新机制”。面对动态化、信息化条件下社会治安面临的新挑战，构建一批合成化警务运行机制，调动内部各警种部门合成参与警务工作，实现各种警务资源和要素的有机合成、整体运作，最大限度地提升警务效能。一是建立联合指挥机制，围绕应急处突、反恐维稳、重大安保等职责任务，通过警种合成、人员合成、手段合成，建立常态、应急、战时联合指挥模式，市局和各市（县）局、城区分局联合指挥部全面升级，全市户籍派出所基本建成勤务指挥室，进行标准化、规范化、信息化升级建设，三级联合指挥体系基本建成；建立形成联合指挥与接警调度、情报研判、信息处理、现场指挥、勤务督导及分（县）局联合指挥部一体化实战运行机制；改革指挥长工作体系，建成由总指挥长、指挥长、指挥员组成的职业化、专业化指挥队伍；搭建应急处突、专项维稳、警卫任务、大型活动和重要节假日安保等10余项实战指挥情景模型；大数据联合指挥服务实战平台、“一键点调”高清视频指挥系统、350兆数字电台、4G移动视频、警用GPS等科技信息化手段全部建成启用，基本实现实战指挥扁平化、可视化、智能化。二是建立合成研判机制，通过建立市、县两级情报合成研判作战中心，推进派出所勤务指挥室建设，建立完善“合成研判 +N”工作机制，形成 24 小时开展监测预警、核查研判、指挥处置、跟踪督导的情报服务勤务机制，全市形成上下联动、左右协调、紧密有序、优势互补的合成研判作战体系；建立常态、应急和战时状态下合成研判指挥处置、“合成研判 +N”情报综合研判机制，改革规范数据分析研判、人员活动监测、数据研判审批、情报请求服务等业务流程规范，建立了一批合成研判作战工作制度，成为全市信访维稳、人员管控的情报服务指挥中心。三是建立合成打击机制，针对通信网络诈骗犯罪，建立反通信网络诈骗中心，通过数据合成、手段合成、人员合成，组建银行、金融、电信、公安相关警种部门共同入驻，规范再造警情预测、电话拦截、人工干预、银行止付、立案侦查的合成作战流程，建立 24 小时联勤联动机制，为合成打击转型发展打下坚实基础。警务新机制运作以来，2017 年无锡全市通信网络诈骗案件数同比下降 14%，抓获通信网络诈骗犯罪嫌疑人数同比上升 50.5%，预警干预诈骗警情万余起，止付冻结涉案资金达 6 亿元。2018 年，依托上一年的成功经验，在打防涉众型经济犯罪方面，无锡市公安局又建立与维稳、信访、网信、金融、检察院、法制等部门的常态协作，建立与人民银行、证券期货、不动产、第三方支付等机构的资金查控合作机制，规范再造监测关注、警示教育、熔断处置、刑事打击四级合成作战流程，衍生出新的合成打击作战模式，合成打击现代警务机制在无锡不断复制拓展，逐步形成规模警务效应。

三、“三网三机制”现代警务策略深化发展的路径探索

无锡市公安局组织实施“三网三机制”现代警务策略取得了一系列的成效，但警务理念、体制机制、勤务组织、警务保障等方面还需要进一步深化改革，在融合发展、科技创新、强体增力、共建共治上继续广开思路、发力突破。

（一）坚持改革不动摇，主动探索变革之路。无锡市公安局党委在基础工程、要害筋脉的“三网三机制”上改革创新，建设由数据合成、手段合成、人员合成的联合指挥部、合成研判作战中心、反通信网络诈骗中心，建立联合指挥、合成研判、合成打击机制，警务效能大大提升，队伍战斗力普遍增强，信息化建设突飞猛进，基层基础工作提档升级。改革是现代警务发展的必由之路。在“互联网”“大数据”的新时代，公安工作原有的一些思想观念、体制机制、方式方法已成为阻碍公安工作发展的“拦路虎”、粗放简单的“挡箭牌”、低效惹事的“加工场”。例如，“由案到人”侦查模式，技网侦手段数据使用审批制度。“三网三机制”实现了人员合成、数据合成，但手段合成难以解决，被动应对、粗放低效、单打独斗等现象仍然存在。这些问题都只有通过改革才能逐步解决。改革的目的是实现公安工作的质量变革、

效率变革。主动探索变革之路，思维观念上必须从“被动应对”向“主动进攻”变革，组织方式上必须从“单打独斗”向“合成作战”变革，保障体系上必须从“平衡配置”向“精准扶贫”变革。

（二）树立合成理念，主动探索融合发展之路。如何有机融合各方资源，更广泛、高效地应用各方资源，成为当前推进现代警务机制建设的核心难题。从“三网三机制”建设的实践成效来看，树立合成理念，走融合发展之路是公安机关实现警务发展战略目标的有效路径。走融合发展之路，要把思想融合放在首位。在把“合成警务”作为公安工作发展方向的共识下，要转变观念，充分认清部门壁垒、数据割裂、手段独享的危害，彻底清除“单打独斗”式勤务运作方式，形成“步调一致向前走”的思想氛围。走融合发展之路，关键是人员的融合，要打破传统的体制结构，按照“合成警务”的需要，重新配置组合人员，盘活人力警务资源，产生“1+1>2+N”警务效能。走融合发展之路，手段数据的融合尤为重要。对有条件融合到一个平台、一个系统的手段数据，要通过科技创新途径，尽最大努力整合汇聚，让手段数据发挥最大效能；对暂时无法进行融合的手段数据，也要突破传统警务机制束缚，采取制度合成、物理合成的方式，最大限度地减少流转环节，缩短流转流程，杜绝资源浪费。

（三）把握时代特点，主动探索科技创新之路。大数据时代，整合应用数据资源已成为科技创新的第一要义。在未来的警务工作中，如果没有数据、不会应用数据，我们将寸步难行。“三网三机制”现代警务策略，迈出了向大数据时代公安创新发展的第一步，汇聚整合海量数据，探索建立应用数据模型，取得了突破性的成效。实践证明，科技创新对实现警务发展战略目标十分重要。探索科技创新之路，重点是数据科技的创新应用，要在采集汇聚整合数据上创新思路。长期以来，公安机关习惯通过行政手段采集汇聚整合数据资源，但一些鲜活度高、需求量大的数据往往难以到位，数据采集汇聚整合过程中，制度障碍、利益思维、权力思想、被动应付等问题突出，尤其是一些拥有数据资源的部门单位，让有数据采集任务的基层民警“反应强烈”。探索科技创新之路，应大力提倡奖励引导理念，推动数据采集按照“谁采集、谁奖励”的原则，制定数据采集汇聚整合奖励制度，从而将工作由“被动”变为“主动”。要大力提倡“变道超车”理念，推动数据采集汇聚整合将“大数据”建设的责任主体换成“有核心数据但难融合的单位”，最大限度地把采集数据整合到一个平台、一个系统，真正实现数据的融合。整合外部数据，则要综合采用“领导公关、政府搭台、警企合作、购买服务”等方式，形成动态化、多样化、制度化的外部数据融合体系，着力解决外部数据资源不完整、不实时、不鲜活等问题。要在数据研究应用创新上求实效、求突破，对已有的数据资源，各级各部门要围绕自身职能，提出实战应用需求，采用科技部门公关、外包企业合作等方式，组织开展算法模型建设，让数据成为源源不断的新资源，发挥新动力“核能”作用。

（四）挖掘内生动力，主动探索强体增力之路。大数据时代，各种传统工作模式都面临革命性挑战。在社会发展新时代和公安改革新形势下，公安机关资源力量不足、公安民警素质能力不够的问题日益突出，在现有条件难以短时间内改善的情况下，挖掘内生动力，走强体增力之路，成为公安机关的必要选择。走强体增力之路，要充分运用现有资源，通过人员重组、资源重配，让合适的人到合适的岗位、重要资源到需要的部门，激活每一名警力、盘活每一项资源，让全部警力和资源得到充分利用，最大限度地发挥实战作用。走强体增力之路，要进一步改革创新练兵培训机制，在警务技能、法律知识等传统练兵培训的基础上，按照“缺什么补什么”的原则，紧贴时代、丰富内容、创新形式，重点加强情报研判、数据分析、科技应用、合成作战等“新技能”的练兵培训，培养科技型、数据型、智慧型、复合型“新时代”民警。走强体增力之路，要大力发展警务科学技术，不断研发建设能够满足实战需求、提升实战效能的新技术、新手段，切实提升公安机关应用科技、应用数据的能力和水平，向科技手段和“大数据”应用要警力、要战力，从“智慧警务”中不断获取“实战红利”。

（五）寻求广泛支持，主动探索社会共治之路。在深化改革的大环境下，社会治安综合治理工作的涉及面越来越广，仅靠公安机关一家已难以为继。因此，推动完善党委领导、政府负责、社会协同、公众参与、法治保障的社会治理体制，着力打造共建共治共享的社会治理格局是社会治安综合治理工作的发展方向。要以共建共治的理念，积极争取党委政府的支持。公安机关要积极争取将相关工作纳入党委、政府中心工作，融入“平安建设”总体规划，充分发挥各级党委在社会治理中总揽全局、协调各方的领导核心作用，以及各级政府及相关部门的社会治理职能，切实扭转公安机关在社会治理中“什么都要管又难以管好”的尴尬局面；厘清公安机关在社会治理中的职能和责任，推动建立健全社会治理领域权力清单制度和责任追究制度，做到“不越位、不缺位”，切实解决公安机关“小马拉大车”、单打独斗问题。要以共建共赢的理念，动员社会力量主动参与。要创新社会治理思路，扩大开放公共服务市场，通过政府购买服务、健全激励补偿机制等办法，鼓励和引导企事业单位、社会组织、人民群众积极参与社会治理。要树立法治理念，发挥法治牵引共治作用。要大力推动社会共治法律法规和制度规范的制定完善，建立制度化、规范化、程序化的社会治理制度体系；特别是“三网三机制”建设，要在体制上、制度上、规范上明确各方力量参与建设的职责任务和权利义务，运用法治思维和法治方式化解隔阂、破解难题，建立和谐共治现代警务发展模式。

论工匠精神深入推进公安改革创新

廖　勇*

摘　要：在全面深化改革的大背景下，工匠精神被赋予了更多新的时代特征，创新无疑成为其首要内涵。将“工匠精神”应用到公安工作中，符合时代的客观要求，“工匠精神”诠释着忠诚担当的事业观，蕴含着精益求精的品牌观，体现着追求完美的标准观。从供给侧着力，发扬运用“工匠精神”将公安改革创新不断推向纵深，要把握“心系天下”的匠人格局，扩大对社会稳定的有效供给；把握“善做善成”的匠人担当，扩大对平安和谐的有效供给；把握“公平正义”的匠人追求，扩大对法治公安的有效供给；把握“以人为本”的匠人品质，扩大对公共服务的有效供给。

关键词：工匠精神　公安改革　供给侧

习近平总书记号召我们面向未来和挑战要“不忘初心、继续前进”，在谈到深化各个领域的改革时也提出要“精准发力”。李克强总理在《政府工作报告》中强调要“培育精益求精的工匠精神”。改革进入深水区和攻坚阶段，大力加强新时期、新形势下的公安工作，既是一个宏大工程，也是一项长远战略。要以怎样的精神去推动公安改革，怎样精准发力、补齐短板，怎样避免走不必要的弯路？这些问题值得我们深思。笔者认为，弘扬精益求精的“工匠精神”，在追求完美和极致中努力创新创造，将公安改革事业做得“严严实实”，是符合当下时代主题和现实需要的必然选择。

一、从核心上着眼，深入解读“工匠精神”的实质及新形势下的内涵延伸

“工匠精神”本意是工匠对自己的产品精雕细琢、精益求精的态度，由此延伸，还代表着一种踏实务实、恪求完美的理念。工匠精神代表着一个时代的气质，一丝不苟、持之以恒、追求卓越，是一种精益求精的极致主义。这种极致，体现在让那些看似微不足道的细节都臻于完美。

---

* 廖勇，湖南省长沙市开福区人民政府副区长、长沙市公安局开福分局党委书记、局长。

（一）“工匠精神”的概念解析。何谓工匠精神？“简言之，即工匠们对设计独具匠心、对质量精益求精、对技艺不断改进、为制作不遗余力的理想精神追求。”[1]精心设计、质量至上和不断革新，显然是工匠精神的核心要义。当然，这种精神不只在工匠身上体现，还可以凝结在所有人身上，即一切劳动者在“制作或工作中追求精益求精的态度与品质”[2]。就其价值内涵而言，工匠精神是指工匠在高超职业技能和良好人文修养相结合下形成的一种精神理念，包括对职业的热爱与专注、工作中一丝不苟的态度和精益求精的精神、具有品牌意识、勇于创新以及对“道技合一”境界的追求。[3]

不难看出，工匠精神是从匠人精神中凝练升华的理念。工匠精神，首先是一种精神，一种对自己的产品精益求精、精雕细琢，追求极致、追求完美，努力把品质从99%提升到99.99%的精神；其次是一种追求，一种以质取胜的价值取向，对自己所热爱的事业无比执着的职业追求；再次是一种品质，一种执着于产品和品牌，锲而不舍、心无旁骛、专心致志的品质；最后是一种氛围，是全社会对工匠们的敬意，也代表着较高的社会地位。

（二）“工匠精神”的古今传承。说到工匠精神，人们容易想到德国、日本等制造业大国，但若论技艺之精湛、品质之优良，我国古代的作品也毫不逊色。其实“工匠精神”并非舶来品，庄子《庖丁解牛》中就有对工匠精神巅峰之作的描述，所谓“以无刃入有间，游刃有余，若合符节”。《诗经·卫风·淇奥》中有“如切如磋，如琢如磨”，以工人加工器物比喻君子研究学问和陶冶品行的精益求精。明代户籍中，军籍、民籍和匠籍是主要的户口，也足见工匠在明代的社会地位和重要性。

古人的匠心之作，从“子冈牌”到“供春壶”，从“长城砖”到“样式雷”，无不彰显了大国工匠的极致追求。从近代同仁堂倡导的“炮制虽繁必不敢省人工，品味虽贵必不敢减物力”，民族品牌“长城电扇”“熊猫电视”“上海表”“雪花膏”“茅台酒”的美名远扬，到如今的超级稻、空间站、高铁、超算等，无不充分体现了工匠精神。

（三）“工匠精神”的时代内涵。马克思说，任何真正的哲学都是自己时代精神的精华。植根于传统社会手工业的工匠精神，之所以在当下成为一种工作哲学，是因为它代表了一种理想的劳动（工作）境界。专注热爱、追求卓越是工匠精神的基本内涵。仅完成工作并不够，还要完成得更好；不仅要制造出产品，还要打磨出精品。

1 李宏伟、别应龙：《工匠精神的历史传承与当代培育》，载《自然辩证法研究》2015年第8期。

2 肖群忠、刘永春：《工匠精神及其当代价值》，载《湖南社会科学》2015年第6期。

3 曾美海、罗同昱：《论古代工匠精神的价值内涵》，载《贵州社会主义学院学报》2016年第4期。

在全面深化改革的大背景下，工匠精神被赋予了更多新的时代特征。创新无疑成为其首要内涵。工匠精神的提出，体现了一种真实的时代精神或者社会风貌，对于当前大众创业、万众创新，加快推进转型升级、提质增效，具有重大的现实意义。“工匠精神”的回归，体现社会发展从注重“量”到注重“质”的转变。这是因为，工匠精神直接连接当前社会新的生产方式和组织形式，它精准地表达了这个时代的现实需求及未来方向，即互联网时代创新力量凸显、实践精神复兴、专业化生存发展;更自由的新型协作关系建立、个人力量超越组织体制力量的趋势、人的价值的重塑。

二、从细微处着手，牢固树立公安改革创新对“工匠精神”的价值追求

“工匠精神”借鉴和应用到公安工作中，符合时代的客观要求。随着改革的深入，公安工作进入了一个挑战最大、困难最多的时期，进入了各项改革落地生根和成果固化的一个关键节点，迫切地需要广大公安民警特别是各级领导干部以“不忘初心”的“工匠精神”，聚精会神抓改革，心无旁骛抓落实。

（一）“工匠精神”诠释着忠诚担当的事业观。全面深化改革是涉及面广、复杂性高、时效性强的系统工程，需要我们秉承工匠一丝不苟、精益求精的精神品质，以忠诚的信念和昂扬的状态履职尽责，在公安改革的时代大考中取得优异成绩。一是强化主动作为的力度。始终坚持清醒的风险意识，聚焦政治安全、政权安全、经济安全、公共安全，保持勇于冲锋的姿态，在改革中处处以身作则、事事率先垂范，把忠诚事业的思维体现在锲而不舍、干事创业的状态上，准确把握公安改革的基本内容和目标要求，在系统性工作架构下找准切入点和突破口，努力把改革的决策部署变成符合本地区、本单位实际，富有特色、实在管用的具体措施，从而打造自己的品牌，形成亮点和特色。二是秉持精益求精的态度。深化公安改革不可能一蹴而就，需要反复试验，要经得起实践检验、历史考验，要按改革目标任务、难易程度、客观条件分门别类，以重点突破带动全面推进，要定期对照目标要求和工作进度，进一步查漏补缺，努力将每项改革任务落到实处，将每项工作干到极致，即使一些工作已取得阶段性成效，也要不断研究解决新的矛盾问题，坚持常抓不懈，在精雕细刻上下功夫，增强工作的精细度。三是抱有责任担当的气度。责任心强，再大的苦难也可以克服，遇到大事难事要主动请缨，碰到困难矛盾带头攻关，在改革中不能遇事畏首畏尾，遇难裹足不前，绝不把矛盾交给下级、把难题扔给同志。充分发挥战斗堡垒和中坚力量作用，在改革中当仁不让站前排，敢作敢为、敢闯敢干，敢于瞄准改革创新举措，以自身实际行动为改革顺利推进立好榜样，确保改革进程有条不紊、改革任务有效落实。

（二）“工匠精神”蕴含着精益求精的品牌观。随着改革的不断深入，会触及

深层次问题、体制性弊端，必须以啃硬骨头、钉钉子的精神，以逢山开路、遇河架桥的魄力，彻底为深入推进公安改革破除障碍、铺平道路。一是要有“不忘初心”的定力。全面深化公安改革是攻坚战也是持久战，越是向前推进，越要稳住心神。要对改革大势深刻认识、对改革前景坚定自信、对改革事业不懈追求，盯准改革目标，不分心、不走神，不怕遭非议，不畏流言蜚语，心无旁骛地抓改革，并始终激情满格、状态满弓，靠一砖一瓦的真功夫、细功夫，一心一意的狠劲、韧劲，扎扎实实地抓落实、打基础，让全面深化公安改革稳步推进、公安工作健康发展。二是要有“功成不必在我”的襟怀。只有与历史同步伐、与时代共命运的人才能赢得光明的未来。在公安改革进入攻坚克难的关键阶段，我们尤其需要沉下心来，不贪一时之功，不图一时之名，甘施铺垫之力，善做利远之事。要对工作现状客观评估，对新的形势科学研判，向改革要思路，向创新要办法，多到难点较多的基层去，多到焦点聚集的一线去，多做一些打基础、利长远的工作，多干一些惠民生、得民心的实事，一任接着一任干，一张蓝图绘到底。三是要有“咬定青山不放松”的信念。惟其艰难，才更显勇毅；惟其笃行，才弥足珍贵，改革越是到了“密集施工”、爬坡过坎的关键阶段，越要有久久为功、驰而不息的韧劲。要进一步明确不同阶段的改革重点和任务目标，做到思想不松、劲头不减、标准不降，集中精力，朝着既定目标一步一个脚印向前推进，时间到、任务了，不解决问题不收兵，不达目的不罢手。

（三）“工匠精神”体现着追求完美的标准观。“天下大事，必作于细；天下难事，必成于易。”面对这场涉及公安工作和公安队伍建设各个层面、各个领域的改革大考，我们必须像工匠那样一丝不苟、锱铢必较，坚持原则、敢于较真，完成改革量变的积累，实现工作质的跨越。一是在对表看齐上狠下功夫。不能把决策部署变成标语口号，要一边总结经验，一边反思不足，在晒成绩的同时找问题、找短板，把工作现状与改革目标要求、重点改革任务与重点工作、路线图与施工图逐一对表，工作不足的要“补课”，力度不够的要“加把火”，走过场的坚决返工重来。要把借鉴和学习先进经验用在推动自身改革的实践中，确保各项改革措施落地生根。二是在督导检查上狠下功夫。“法立，有犯而必施；令出，惟行而不返。”要将督促、指导和检查贯穿于深化公安改革的全过程，对照任务指标抓进度、勤调度，将各项改革任务落实到具体人、事、节点，做到抓一项成一项，完成一项销一项。对工作迟缓、进展缓慢的地方和部门负责人，一律要通报批评；对推而不动、推诿扯皮的，一律按照规定对相关人员进行问责。三是要在末端落实上狠下功夫。“风不难化也，自上及下而风行。”要落实好领导包片牵头负总责、警种对口帮扶等措施，切实帮助基层找到破解改革难题的“锦囊妙计”，解决基层遇到的实际问题和困难。建立横向到边、纵向到底、责任到人的跟踪问效机制，既有“上篇”文章，又有“下篇”文章，一级干好一级的事，一级尽好一级的责。引导基层深入推进“微改革”“微创新”工作，让每一名民警肩上都有担子、有压力，进一步激发蕴藏在基层的改革创新活力。

三、从供给侧着力，发扬运用“工匠精神”将公安改革创新不断推向纵深

扩大优质有效供给，既是供给侧改革的题中应有之义，更是促进改革发展的必要条件。作为向社会提供“安全产品”供给服务的公安机关，必须以“扩大优质有效供给”理念改革公安警务的供给方式，以不忘初心、精益求精的“工匠精神”着力解决自身存在的问题和短板，从源头上提升公安机关履职能力和公安事业的发展动力。

（一）把握“心系天下”的匠人格局，扩大对社会稳定的有效供给。公安机关肩负着维护社会大局稳定、促进社会公平正义、保障人民安居乐业的职责使命，必须深刻领会和准确把握总体国家安全观，进一步提高预警预测、防范控制和应对处置能力，着力推进国家治理体系和治理能力现代化。一是要以政治安全为根本，确保中国共产党的领导和走中国特色社会主义道路。进一步增强政权意识、忧患意识、责任意识，坚持中国共产党的领导和中国特色社会主义制度不动摇，把制度安全、政权安全放在首要位置，坚持道路自信、理论自信、制度自信、文化自信，为国家安全提供根本政治保证。二是要以经济安全为基础，确保经济社会发展大局稳定。紧扣经济社会发展这一大局，主动响应“一带一路”等国家重大发展战略，做到经济建设发展到哪里、公安警务就同步跟进到哪里，不仅严打震慑各类违法犯罪活动，而且完善社会矛盾纠纷和不安定因素滚动摸排机制，及时摸排研判金融、房地产市场、新业态等方面存在的不安定因素和各类风险隐患，并协同依法化解，最大限度地将各类不安定因素和不稳定事端控制在萌芽状态和初始阶段，为经济社会建设发展保驾护航。三是要以社会安全、网络安全等为保障，为社会稳定提供坚实支撑。社会安全和网络安全不仅事关每个社会成员的切身利益，而且事关国家经济发展和社会稳定，特别是网络安全往往与政治安全、经济安全、社会安全、文化安全、军事安全等领域相互交融、相互影响，已成为我国面临的最复杂、最现实、最严峻的非传统安全问题之一。网络社会与现实社会高度融合，网上网下相互交织，必须按照系统治理、综合治理、依法治理和源头治理思想，统筹网上网下两大战场，创新网上网下一体化打防管控机制，努力提升社会安全与网络安全的能力，有效保障人民安居乐业、社会安定有序、国家长治久安。

（二）把握“善做善成”的匠人担当，扩大对平安和谐的有效供给。社会安全特别是社会公共安全关系着千家万户，确保社会公共安全事关人民群众生命财产安全，事关改革发展稳定大局。一是要严厉打击严重刑事犯罪。紧紧抓住涉民生犯罪、

新型智能犯罪，特别是涉恐涉暴、涉黑涉枪等犯罪，出重手、下铁拳，严厉打击，始终保持严打高压态势；坚决整治盗抢骗、黄赌毒等各类突出治安问题和校园、企业周边等重点复杂地区，全力维护社会公共安全。二是要创新完善打击犯罪新机制。针对高发多发的盗抢骗、黄赌毒等突出犯罪活动，尤其是人民群众反映强烈的电信网络诈骗、食品药品安全、涉众型经济犯罪等，建立完善与通信运营商、商业银行、金融清算机构和第三方支付机构等多方集群联动机制，实行防范、打击、治理一体化运作的实战机制，合成作战、快速出击、精准打击，尽可能地减少群众的经济损失。三是要健全社会面动态防控网。针对信息化、动态化、智能化和现代化的犯罪活动，按照信息引领警务实战模式，在加强人防、物防、技防建设，完善社会治安防控运行机制的同时，科学划分巡逻网络，优化防控警力布局，加强警务装备保障，屯警街面、动中备勤、武装处突，编织全方位、立体化、动态性公共安全网，全面提升社会面动态防控能力。四是要加强重点行业治安管控。强化重点行业公共安全监管，着力推动党委政府领导责任、行业部门监管责任、企业单位主体责任的落实。突出易制爆、剧毒化学品生产、仓储、运输、使用等环节的监管，确保“管得住、控得了、服务好”；突出邮政、快件寄递行业与渠道安全管理，落实收寄实名、开箱验视、仪器安检“三个 100%”。加强安全生产监管工作，全面排查和整改各类安全隐患，严格实行安全等级化和监督数字化管理，坚决预防和杜绝各类安全事故的发生。

（三）把握“公平正义”的匠人追求，扩大对法治公安的有效供给。针对人民群众对某些公安警务执法不规范、不公正等问题的反映，必须聚焦建设法治公安目标，坚持久久为功，深入推进执法规范化建设，切实把规范公正文明执法的要求落实到具体执法实践中，用执法水平和执法公信力的提升助推公安警务供给质量的提升。一是要不断完善执法制度机制。紧紧围绕以审判为中心的诉讼制度改革，完善适应证据裁判规则要求的证据收集工作机制，深化受理立案和刑事案件“统一审核、统一出口”制度改革，落实案审机制改革，确保侦查的案件事实证据和诉讼程序经得起法律检验，预防冤假错案；完善接处警等重点执法环节工作规范，规范行政裁量种类、范围和幅度，杜绝随意执法、滥用自由裁量权等问题；全面推进“阳光执法”，落实执法告知制度，有效保障人民群众的知情权，努力使人民群众在每一项执法活动、每一起案件办理中都能感受到社会公平正义。二是要健全完善执法管理监督体系。用硬件建设倒逼规范执法，大力推进案件管理、执法办案、涉案财物、公安行政服务等执法活动的分区、中心建设，形成对“案、人、物”三要素集中统一的高效管理机制，实施对执法办案的全要素、全过程、全领域管控，努力形成与检察院、法院等对刑事物证“换押式”移交、一体化运作、规范化处置机制，切实强化执法管理的监督机制。三是要严格落实执法办案责任。全面梳理执法权力清单和责任清单，完善执法质量考评和执法过错责任追究制度；严格落实对违法犯罪嫌疑人讯问全程录音录像制度，建立对违法犯罪嫌疑人辩解、申诉、控告的审查处理机制；依法保障律师执业权利，保障律师的知情权、申请权、会见权等，建立覆盖执法全过程和各环节的责任链条，努力形成有权必有责、用权受监督、失职问责、违法追责的执法办案责任体系，确保执法权力规范运行。

（四）把握“以人为本”的匠人品质，扩大对公共服务的有效供给。公安行政管理工作与经济社会发展密切相关，与社会领域部门休戚与共，与群众生产生活息息相关。针对当前群众反映强烈的办证难、办事难等突出问题，必须牢固树立以人为本的理念，积极回应社会关切，主动顺应群众期盼，进一步研究改进和推出更多更好的服务经济社会发展和便民利民惠民的新举措，着力打造服务型公安机关。一是要精准改革、简政放权。围绕“一带一路”、海洋经济发展等国家重大发展战略，一方面，落实户籍制度、居住证制度、驾考制度、出入境制度等改革政策，促进人口流动、经贸往来和人才引进；另一方面，进一步清理公安行政审批项目、分类精准授权、简化办事手续、优化办事流程，努力增强人民群众的满意度和获得感。二是要创新方式、便捷高效。紧扣“便民、快捷、高效”的服务理念，在着力构建市、县（区）、派出所“三级联动”的服务民生网络体系，实行一站式受理、一条龙服务的同时，主动顺应“互联网+”战略和移动互联网便捷需求，积极创新“互联网+警务”服务管理新模式，充分运用科技信息手段，着力完善“网上公安局”　“网上派出所”　“网上警务室”建设，科学搭建公安微信群、微博群、QQ群等网络警务服务平台，全面建设开通“微警务”，进一步丰富和拓展公安行政管理服务的内涵、方式和路径，激发促进经济社会发展的新动能、打造公安行政管理服务的新亮点，着力解决服务群众的“最后一公里”问题。三是要热情规范、主动服务。按照“规范、文明、热情”服务的要求，围绕证件办理、审核审批、安全预警、法律咨询等警务服务，不仅在出入境办证服务、派出所户籍室、社区警务室等窗口做到文明礼貌、微笑服务、规范细致、热情周到，而且要通过“公安110”“警民热线”“警述民评”等方式，切实落实警务服务，宣传进社区、进单位、进学校、进家庭，着力增强人民群众的满意度和舒适度。

厦门公安供给侧改革的前沿观察

——兼论警务资源管理

刘 剑[*] 杨 震[**]

摘 要： 公安供给侧改革的战略目标是扩大安全产品有效供给，提高警务供给对群众需要的适应性；实现路径是扩大警务资源的有效供给，提高警务工作的全要素生产率。厦门警方以扩大警务资源的有效供给为轴心，重新定位警务坐标，设计改革蓝图，对资源进行开发创造、优化配置、高效运用、动态评估，促进警务资源的多元化构成，确立资源配置的实战化导向，推动警务工作绿色协调发展，开展警务效能动态评估，从而提高警务全要素生产率。结合厦门的改革实践，建议深化基层警务改革要释放警务发展新动能，提高警务政策协调性，掌握警务工作自主权，增强警务体系适应性。

关键词： 警务改革 供给侧 警务资源 公安机关

“供给侧改革”不仅适用于经济领域，也适用于公安警务。近年来，厦门警方把供给侧改革思想和现代企业管理理念植入警务工作，在优化警务资源供给结构、挖掘资源最大产出效益上积极探索，着力打造资源密集型警务新模式，初步形成了“科技引领 + 社会共治”两翼并举的工作新格局，实现了警务效能质的提升。

一、公安供给侧改革的内涵

一般认为，供给侧改革就是从提高供给质量出发，用改革的办法推进结构调整，矫正要素配置扭曲，扩大有效供给，提高供给结构的适应性和灵活性，提高全要素生产率，使供给体系更好地适应需求结构变化，促进经济社会持续健康发展。供给侧改革的思想对深化公安改革有启发借鉴意义。首先，供给侧改革实质上是改革政

---

* 刘剑，福建省厦门市公安局办公室研究室副主任。

** 杨震，福建省厦门市公安局办公室研究室科员。

府公共政策的供给方式。公安警务是政府公共服务管理体系的重要组成部分，因此，公安警务本身也是供给侧改革的一个领域。其次，经济社会领域的结构性问题在警务工作中同样存在。例如，资源错搭、效率不高、内生动力不足、难以有效满足群众需求等问题普遍存在，从而导致推进结构性改革的紧迫压力。再次，以管理学视角看，警务工作就是调配使用警务资源，生产提供社会所需的安全产品，其中，社会稳定、公共安全等居于需求侧，警务工作居于供给侧。最后，以微观视角看，警务资源是整个警务工作的物质基础和运作支撑，居于供给侧的基础、核心地位，警务工作的发展进步，与警务资源的供给质量和供给结构密切相关。

综上，笔者认为，公安供给侧改革就是从满足群众安全需求出发，科学配置警务资源，优化治安治理结构，激发各要素作战潜能，扩大警务资源和安全产品的有效供给，让警务模式和作战体系更好地适应时代需求、群众要求和形势变化。它包括两层意义：从战略目标上看，就是要扩大安全产品有效供给，提高警务供给对群众需要的适应性；从实现路径上看，就是要扩大警务资源的有效供给，提高警务工作的全要素生产率。

二、厦门警方供给侧改革的缘起

近年来，厦门警方不断进行改革创新，对改革进入瓶颈期、深水区这一问题有深切体会。一方面，改革呈现边际效益递减趋势。在改革之初，通常能收获较多的制度性“红利”，打防成效纷纷呈现；但随着时间的推移，“红利”效应逐级减弱，且观察近年来的改革可以发现，“红利”减弱的速度越来越快。另一方面，改革的副作用呈现递增趋势。改革中的除旧立新对基层而言，意味着要放弃原已熟悉的工作模式，学习适应新的模式，并且基层往往只是被“改”的对象，不是改革的主体，很难有获得感。这导致基层派出所为维系工作运转，不得不把有限精力完全用到接处警、冲指标等面儿上工作，奉行“保命原则”，基础工作出现“停摆”。

对这“一增一减”现象进行深入反思，厦门警方逐渐意识到：（1）增加资源供给是改革的真正价值所在。凡被基层认可的改革，都必然伴随着警力、情报、科技、政策等资源向基层持续流入，最终产生实战价值。（2）资源供给的有效性是改革成功的关键。在对警务资源的调配、使用过程中，既要以实战为导向，提供基层所需、适销对路的资源，又要加强对资源使用过程、效果的动态监管，确保产出预期效益。（3）体制机制是由资源供给结构决定的。资源供给与体制机制的关系类似于经济基础与上层建筑的关系，体制机制改革要围绕资源供给展开。

基于此，厦门警方以扩大警务资源的有效供给为轴心，重新定位警务坐标，设计改革蓝图，在加大警务资源投入、优化警务资源管理和降成本、补短板、增效益上做文章，探索出一条结构性挖潜、内涵式增长的改革之路。

三、实践探索：如何扩大警务资源的有效供给

警务资源（Policing Resources）不同于警力资源（Police Resources），是警方可以调动用以开展警务工作的警力、科技、装备、情报（数据）、政策乃至社会力量等各要素的总和。警务资源管理是从供给侧范畴，对资源进行开发创造、优化配置、高效运用、动态评估，从而提高警务全要素生产率。

（一）促进警务资源的多元化构成。厦门警力不足与任务繁重的刚性矛盾突出，这迫使我们以增量改革促结构调整，在扩大资源供给、优化资源结构上做加法，寻找警力资源的合适替代品。

一是提升警务科技含量。厦门警方提出由警力密集型向科技密集型转变的警务发展战略。自2014年起，推行市局、分局两级合成作战，让长期沉淀的技术资源进入饱和运转状态。2015年，研发应用大数据情报实战平台，加快情报生成。目前，基于大数据的科技警务已初具规模，其中金融风险防控平台、交通大数据平台、寄递物流信息化管控系统、民爆安全监管系统等都广泛应用于实战。

二是充分整合社会资源。厦门警方提出内合外联的警务战略，深化“110+”社会联动工作机制，2015年在全国率先组建实体化运作的反诈骗中心，整合银行、通信运营商及银联、阿里巴巴等力量，形成对网络电信诈骗的合力围剿、有效反制，得到孟建柱、郭声琨等领导的充分肯定。研发了“互联网+”群防群治平台和厦门百姓APP，运用手机抢单、积分兑换等新方式，让传统群防群治工作焕发出时代生机。2016年，研发应用城市公共安全管理平台，把各政府部门、重点企事业单位的数据资源、前端信息在一个平台整合，实现城市脉动实时感知、风险隐患及时处置，并以政府绩效考评、纳入征信档案等手段推动工作落地，让公共安全成为共同行动。

三是建强用好警辅力量。积极争取市区两级党委政府支持，推动警辅人员按与民警3:1的比例配备，将其纳入市十三五规划。针对社区警务弱化问题，推动市财政落实每名社区民警每年2万元的工作经费，专门用于发展信息员队伍。

（二）确立资源配置的实战化导向。厦门警方在警务运作中，高度重视警力、资源、任务相匹配问题，建立“警力跟着警情走、资源围着实战转”的动态资源配置机制，探索了新型作战模式。

一是突出情报制导，打造精确警务。以大数据情报实战平台为后台支撑，组建了派驻所、特勤队等新型警队，推进武装卡点、重点防务区建设，探索“后台+前端”“情报+行动”的新型勤务，实行“先研判、后行动”“大情报、小行动”，积极推进情形合一。2016年年初，推行市局、分局、派出所三级指挥情报机制建设，把大数

据情报实战平台的资源权限向分局、基层所队延伸。

二是突出结构调整，打造合成警务。向部门、层级间资源配置不科学问题“开刀”。通过逐级授权、特殊授权、临时授权等方式，把资源向基层和一线实战部门推送延伸；无法下放的，在市局设立24小时综合服务支撑席，由相关警种派驻，为实战一线实时推送研判成果和情报产品。

三是突出标准流程，打造规范警务。全面梳理各岗位的责任清单、权力清单，并按照权责一致、资源与任务一致的原则，制定菜单式、标准化操作指引和办案证据册。同时，整合执法办案系统、监所管理系统、网上督察系统，建设应用执法执纪监督管理平台，加强执法节点控制，开展对执法业务的全领域、全流程、标准化监督管理。

（三）推动警务工作绿色协调发展。厦门警方以提高人岗适配性、促进民警职业能力持续增长为核心，探索建立一整套警力资源开发、使用、维护机制，确保警力资源优化再生和循环利用。

一是强化集约用警。在传统警务模式下，常出现在局部热点问题上无限制使用警力，搞人海战术的现象，加剧了结构性缺警。对此，厦门警方推行问题导向、情报制导的有效勤务，一律不搞指向性不强、运动式的集中统一行动和专项行动，在大型活动、重大节庆活动等安保任务中，要做实风险评估，精准测算警力需求，实行预案式、模块化作战编成，不打消耗战、疲劳战。

二是促进警力再生。过度用警、粗放用警问题常导致民警健康状况恶化、职业生命锐减。对此，厦门警方把警力作为最宝贵的资产，提前评估警力供需情况，精确制定警力资源发展的中长期规划，为新警量身定做工作岗位和培养路径，同时建立“互联网＋实战”教育训练机制，实行在线自学与集中训练相结合，让民警按需学习业务技能，提升自身才干。

三是推进暖警工程。厦门警方出台8大类34项为民警办实事项目，在福建全省率先落实警衔津贴等中央新政策，开辟民警紧急救治绿色通道，实质性提高民警工资福利待遇。针对非厦门籍新警多、住房压力大、管理风险高等现实问题，还为单身民警提供周转房，使之成为关爱新警的“接力站”和应急屯兵的“先锋营”。

（四）开展警务效能动态评估。传统公安工作考评注重用同一体系、同一标杆评价工作，往往忽视各地资源、任务的差异。厦门警方打破“同质考评”惯性思维，针对各区治安实际和不同治安需求，差异化设置考评项目、计分方式和分值权重，并由分局自主申报重点警情、治安乱点开展自考自评，建立起以差异化考评为核心的新型考核管理制度。2016年，在差异化考评基础上进一步突出问题导向，按照“治安常量常态考，治安变量动态考”原则，不仅探索实行动态考评，还探索了打防关联考核等一系列制度创新，引导基层把资源聚焦到解决实际问题上。发现问题短板是防控风险的第一步。厦门警方针对要素管控和安全监管的漏洞盲区，建立了压力测试机制，组建了专门队伍，以模拟实战对抗的方式测试防控工作严密性，倒逼各单位主动发现问题、弥补漏洞，推动政府部门、社会单位落实安全责任。

四、深化基层警务改革的几点建议

“郡县治，天下安。”市、县级公安机关既是公安改革的最大受益者，又是深化改革的主力军。结合厦门的改革实践，这里对深化基层警务改革提出几点建议。

（一）释放警务发展新动能。警力资源的匮乏越来越成为严重制约警务发展的“瓶颈”。这决定了我们必须推进深层次、结构性改革。一方面，要盘活资源存量。实行精确用警、有效用警，真正提高资源利用效率，切实减少警力空转、资源虚耗现象发生。特别是对技侦、网侦等敏感性技术手段，传统的安全使用规定已明显不适应打击犯罪新形势，建议由公安部在国家立法层面确立新规定，找到安全与效率的最佳结合点。另一方面，要扩大资源增量。足够的资源是撬动工作的支点，特别是在总警力无法取得实质性增长的情况下，科技、社会类资源的价值更加凸显。公安机关应坚持“科技引领 + 社会共治”两翼并举，大力推进智能感知、预测警务、科技围城，积极探索新形势下的群防群治工作。

（二）提高警务政策协调性。警务政策直接影响资源投向和警务效果，要服务于整体警务战略。一方面，要避免急功冒进。无论是改革措施还是专项部署，对基层而言最终都意味着警力、资源的调配；在资源总量不变的情况下，重大警务调整可能带来连锁反应。应加强警务政策统筹规划，切实增强政策的整体性、协调性，要严格评估、谋定而后动。另一方面，要避免矫枉过正。各级各部门（特别是法制、督察部门）要从便于实战、保障执法的角度出发，科学制定警务政策，依法保护民警执法权威。对执法风险要突出精准防控，针对不同警种、重点岗位开展有区别、有针对性的风险防控，避免“一人得病、全家吃药”。

（三）掌握警务工作自主权。在推进科技信息化过程中，如何把科技与警务嫁接融合，防止“科技异化”是一个全新课题。一方面，要注重数据自主。目前公安信息化系统接口不一致、数据规格不一致，导致公安在数据整合、系统更新、二次研发上举步维艰，使科技信息化应用工作受到严重制约。建议公安部牵头制定警务信息化技术标准，规范各类数据格式，打造同一片警务云，为各地深入开展信息化应用扫清障碍。各地公安机关在推进信息化工作的同时，要建立实战导向的配套更新、维护、退出机制，绝不能把警务信息化的自主权拱手让人。另一方面，要避免盲目跟风。流程再造不是包治百病的“灵丹妙药”，有效解决内部结构性问题不是流程再造的结果，而是前提。建议在推行警务流程再造前，先明确公安战略目标和治理结构，在对各业务流进行系统化梳理的基础上，发掘警务各要素的优势，找准制约警务效能的症结，提出科学的解决方案。

（四）增强警务体系适应性。面对风险社会，我们要把关注重点由打击防范向防风险、补短板转变，建立完善与之相适应的警务理念、警务体系。首先要强化问题导向。为有效应对暴力恐怖犯罪、互联网犯罪等新型挑战，必须在更高层面整合网上网下、境内境外资源，探索运用新型技术手段，破除旧的体制机制束缚，以警务创新应对犯罪升级，提升公安机关反制能力。其次要破除打防割裂。我们必须找到打击与防范的最佳契合点，从打击破案中寻找防范漏洞，补齐工作短板；同时，从管理防范中发现犯罪线索，服务打击破案。要以现代情报指挥体系建设为支撑，探索“后台＋前端、情报＋行动”的新型作战体系，实现打防一体，有效解决实际治安问题。最后要摆脱数字依赖。各地因经济社会发展状况及区位、民风不同，治安生态也有所差异。发案、破案等数据仅能作为参考，不能作为评价警务效能的主要依据。应尊重社会治安客观规律，避免因对发案、破案过度敏感而自乱阵脚。要以警务资源高效利用为导向，引导基层把工作基点放在对治安态势的有效掌控上，深挖潜能、破解难题。

以审判为中心诉讼制度中的侦诉关系探讨

茌远昌 *

摘　要： 检察引导侦查模式符合我国现行法律规定和诉讼制度框架，一定程度上能适应以审判为中心的诉讼制度改革要求，有利于加强侦诉协作，形成侦诉合力；有益于提高诉讼效率，并在一定程度上能够保障犯罪嫌疑人、证人等诉讼参与人的合法权益，较好地实现打击犯罪与保障人权的刑事诉讼目的，是完善我国侦诉关系的最佳选择。检察引导侦查模式涉及侦诉双方权力配置和相互关系，事关司法体制和诉讼制度，应当在宪法和刑事诉讼法的层面予以确认，并在检察引导侦查的主体、案件范围、介入时间、引导方式和保障机制等方面进行制度完善。

关键词： 侦诉关系　检察引导侦查　以审判为中心

侦诉关系是刑事诉讼程序中一对十分重要的基本关系，不仅事关刑事诉讼活动的顺利进行，还关乎刑事诉讼目的的顺利实现。“分工负责、互相配合、互相制约”是我国刑事诉讼中公检法处理相互关系的一项重要原则。但在长期实践中，该原则的执行出现了较大偏差，一定程度上形成了“侦查中心主义”格局，侦查环节在诉讼程序中起决定作用，致使审判阶段虚置化，案件审理流于形式，导致冤假错案发生，影响司法公正。为此，党的十八届四中全会提出了以审判为中心的诉讼制度改革。

学术界和实务界对于完善我国侦诉关系有不同观点，有学者主张“侦诉一体化”，强调检察机关对侦查机关全方位的监督指挥；也有学者主张“检察指导侦查”，通过检察机关对侦查活动提出具有法律效力的意见或建议，加强对侦查活动监督制约。笔者认为在现有制度框架下，贯彻审判中心主义，需要将目前相互扯皮的侦诉关系变为检察机关引导下侦诉机关相互协作的诉讼模式，构建新型监督关系。

一、完善我国侦诉关系的理念原则

完善我国侦诉关系应当从我国实际国情出发，坚持在现行宪法的法律框架下推

* 茌远昌，苏州大学王健法学院刑事诉讼法专业硕士研究生。

进，同时又要统筹兼顾惩罚犯罪与保障人权、实现司法公正与提高诉讼效率的平衡，从而更好地实现刑事诉讼目的。

（一）坚持现行宪法的法律框架

宪法是根本大法，一切法律必须以宪法为基础，不能与宪法相冲突。我国宪法明确规定，国家一切权力属于人民，国家以民主集中制的形式运行，其他国家机关由权力机关产生，向权力机关负责并接受其监督。《宪法》第一百四十条规定："人民法院、人民检察院、公安机关办理刑事案件，应当分工负责，互相配合，互相制约，以保证准确有效地执行法律。"宪法这一规定是完善我国侦诉关系的前提和基础。公安机关与检察机关的分工负责体现在二者都能够相对独立地开展侦查工作，行使犯罪案件侦查、刑事案件侦查监督和提起公诉等；"互相配合"主要表现在检察机关具有证据审查、法律适用上的专业优势，公安机关具有专业侦查知识、侦查技术和侦查设备等优势，二者优势相互结合，共同实现刑事诉讼目的；"互相制约"则突出体现在刑事诉讼程序的设计环节上，公安机关、检察机关通过相互监督制约达到权力制衡，以防止权力的滥用。作为国家法律监督机关的检察机关具有宪法赋予的监督公安机关刑事侦查活动的职责，在这种相互制约的关系中，检察机关应居于主导地位。

（二）兼顾打击犯罪与保障人权

惩罚犯罪与保障人权是刑事诉讼的主要目的，二者看似存在此消彼长的关系，但只要关系处理得当，就能实现效果的最大化。一方面，为了实现打击与预防犯罪，国家通过司法审判对被告人定罪量刑，以维护社会秩序，实现法律和社会的公正。检察机关既是国家法律监督机关又是国家公诉机关，其代表国家对犯罪嫌疑人向人民法院提起公诉，其中最关键、最核心的内容是证据的确实、充分。定罪量刑的刑事案件证据材料主要应由侦查机关依照法定程序取得，收集的证据材料能否在公诉、审判活动中得到认可，需经过两道程序审查检验：公诉机关的审查认可，审判机关的审查认定。可以说，公诉活动在庭前程序中必然居于中心地位，应当起主导作用。侦查活动的目的是全面收集证据，构建起完整的证据链，确保案件事实清楚、证据确实充分，经得起公诉机关和人民法院的审查检验。在以审判为中心的视域下，完善侦诉关系需要侦诉双方加强协作配合，形成打击犯罪的工作合力，还原案件事实真相，实现刑事诉讼目的。另一方面，刑事诉讼的另一重要目的是保障人权。刑事诉讼中的人权保障目的在于防止国家司法权滥用，因为侦查行为必然在一定程度上限制或剥夺公民的人身权利、财产权利，作为法律监督机关的检察机关有义务引导和监督侦查活动，保障犯罪嫌疑人、被害人、证人等各类涉案人的各项权利。

二、完善我国侦诉关系的理论争议

关于完善我国侦诉关系的模式，专家学者主要有以下三种不同的观点：

（一）侦诉一体化模式

主张侦诉一体化模式的专家代表是陈卫东。他的主要观点是：在刑事诉讼活动中检察机关和警察机关双方目标一致，二者需要相互协作、融为一体；检察官在整个侦查、公诉程序中起主导作用，有权领导、监督警察开展工作，侦查职能并非完全独立的诉讼职能，其有效性完全依赖于能否保障检察权的充分实现。[1] 其主要理由在于侦查机关和检察机关具有相同的目标、共同的职责，即实现刑事犯罪的追诉，二者应该相互协作、相互配合，共同实现高效率调查、取证、公诉，实现打击犯罪的最终目的。这种观点强调控诉职能一致，有利于提高司法机关办案效率，能够更好地打击犯罪，这是值得充分肯定的。但其存在明显不足之处：首先，侦诉一体化诉讼关系模式违反了我国现行宪法的规定，其主张的“检察领导、指挥侦查”与我国现行宪法规定明显不符。检察领导、指挥侦查，容易造成权力过于集中，不符合分权制衡原则，也会导致检察行为无法得到应有制约，检察机关审查起诉变成自我评价，不利于程序公正和人权保障，也无益于程序分流和节约司法资源。其次，刑事犯罪侦查工作具有较强的专业性要求，需要由拥有丰富侦查实务经验、完备的仪器设备和人力资源的机关予以完成，警察机关正好具备上述条件。“在理论界和司法实践上有观点认为，实际上警察才是侦查程序的主人。”[2] 大陆法系国家虽坚持检察领导侦查的侦诉一体模式，但在司法实践中，大多数侦查活动仍然由专业程度较高、经验丰富的警察机关完成。最后，检察领导侦查存在着较大的实践障碍。侦诉一体化主张将承担刑事侦查职能的警察划归检察机关领导和指挥，把刑事警察从公安机关队伍中剥离，一方面难以得到治安警察等其他警察力量的支持，另一方面会大大削弱刑事警察的侦查能力和可利用资源，不利于打击刑事犯罪。

（二）检察指导侦查模式

主张检察指导侦查模式的主要代表为种松志。他认为，“检察指导侦查是指在刑事诉讼中，为实现共同追诉犯罪与保障人权，通过检察机关对侦查活动提出具有法律效力的意见或建议，并对侦查活动予以制约，从而在检察机关和侦查机关之间形成的一种刑事诉讼法律关系。”[3] 这主要包括以下几个方面内容：首先，检察机

1 陈卫东、郝银钟：《侦、检一体化模式研究》，载《法学研究》1999 年第 1 期，第 63 页。

2 宗玉琨译注：《德国刑事诉讼法典》，知识产权出版社 2013 年版，第 163 页。

3 种松志：《检警关系论》，中国人民公安大学出版社 2007 年版，第 239 页。

关通过熟悉案情，了解相关证据情况，参与案件讨论。其次，检察机关根据掌握的案件情况，提出侦查意见建议，帮助公安机关明晰取证方向。最后，检察机关指导侦查机关依法及时收集、固定证据，完善证据体系，准确适用法律，并对侦查活动中违法行为提出纠正意见。该模式的优点是符合现行宪法的法律规定，具有可操作性，能够保证证据质量和提高诉讼效率，有利于司法公平公正。其缺点在于没有明确相关监督保障机制，检察指导侦查不具有约束力，不利于实现刑事诉讼目的。此外，该模式范围主要限定在“重特大、疑难、复杂案件”，过于狭窄，不能从整体上提升处理刑事案件的质量水平。

（三）检察引导侦查模式

主张检察引导侦查模式的代表人物是王守安、张小玲。他们认为，检察引导侦查的主要内容包括：检察机关根据庭审证据要求，向侦查机关提出收集、固定、完善证据、查清案件事实和法律适用的意见，并依法加强对侦查活动的同步监督。该模式符合现行宪法法律规定和诉讼制度框架，一定程度上能适应以审判为中心的诉讼制度改革要求，因此很多地方进行了探索实践，并取得了较好成效。实践证明，检察引导侦查模式有利于加强侦诉协作，形成侦诉合力，有益于提高诉讼效率。引导侦查的同时，检察机关开展同步监督，在一定程度上能够保障犯罪嫌疑人、证人等诉讼参与人的合法权益，能够较好地实现打击犯罪与保障人权的刑事诉讼目的。因此，在现行宪法、刑事诉讼法律框架下，检察引导侦查模式是完善我国侦诉关系的最佳选择，但也存在一定的不足之处：第一，该项制度缺乏顶层设计，没有统一的标准，各地的实践做法存在较大区别。第二，缺乏足够的侦查监督保障机制，不能真正实现司法公正和高效诉讼目的。因此，该模式有待进一步细化完善。

三、完善我国侦诉关系的路径选择：检察引导侦查

检察引导侦查制度既是保障公诉权顺利实现的有力措施，也是加强检察监督的有效途径，能够较好地实现打击犯罪和保障人权的刑事诉讼目的。

（一）检察引导侦查的法理基础

在检察引导侦查工作模式下，一方面，检察官通过介入侦查，将警察与检察官各自优势有机结合起来，增强侦诉双方合力，切实提高侦查起诉的效率。另一方面，检察官在参与公安机关侦查取证活动的过程中又能够对侦查行为的合法性进行有效监督，客观上有助于减少警察违法侦查，防止权力滥用，保障侦查质量。检察引导侦查制度在我国刑事诉讼法中并未作明确规定，只有相关条款体现了类似精神，主要依据是最高人民检察院相关司法解释及规范性文件。2012 年修订的《人民检察院刑事诉讼规则》规定：“对于重大、疑难、复杂的案件，人民检察院认为确有必要时，

可以派员适时介入侦查活动，对收集证据、适用法律提出意见，监督侦查活动是否合法。”这些规定在法律体系的位阶明显偏低，其效力有限，不足以对公安机关侦查活动发挥应有的规范和指导作用。针对此种情况，笔者认为，应当在宪法和刑事诉讼法的层面确认检察引导侦查制度，因为该制度涉及侦诉双方权力配置和相互关系，事关司法体制和诉讼制度，应当属于宪法、刑事诉讼法等高位阶法律体系规范和调整的范畴。

（二）检察引导侦查的主体

检察机关侦查监督及公诉部门是司法实践中引导侦查的主体。这些实务部门将检察引导侦查既作为控诉权的保障措施，也视为强化检察监督的有效手段。实际操作中，一般是先由侦查监督部门介入，案件批捕后如有需要才由公诉部门介入，甚至侦查监督部门介入后，若达到批捕要求，就撤手不管，由公安机关自行侦查。笔者认为，检察引导侦查不应仅看作加强检察监督的途径，还应包括对控诉权的保障。据此，检察引导侦查应当以公诉部门为主，侦查监督部门为辅，因为侦查监督部门承担主要的检察监督职能，如果还由其引导侦查，会使监督主体与监督对象合二为一，侦查监督作用就不能得到有效发挥。

（三）检察引导侦查的案件范围

检察引导侦查的案件适用范围界定尤为重要，如果划定得过于狭窄，案件覆盖面过小，不足以解决司法实践中存在的侦查质量不高、违反程序侦查等诸多问题；如果设定得过于宽泛，会增加检察机关与公安机关的诉累，加上侦查和检察人员力量有限，容易拖延诉讼，降低效率。理论界和司法实务部门探讨的检察引导侦查的案件范围，主要包括可能判处十年以上有期徒刑、无期徒刑或者死刑的案件，重大疑难复杂案件，暴力犯罪案件以及有重大社会影响的案件等。此外，检察人员、侦查人员的业务能力水平也是影响检察介入和引导侦查取证的重要因素。我国地域范围广大，检察人员、侦查人员素质水平的地域差异也较大，因此，除了上述“必须”由检察引导侦查的案件范围外，可以授权各省、自治区、直辖市根据当地实际情况酌情确定“可以”适用检察引导侦查的案件范围。

（四）检察引导侦查的时间

检察引导侦查取证的时间，一般在侦查监督部门作出批准逮捕决定后、移送公诉部门审查起诉之前。特别重大敏感的案件，可以在审查批捕阶段由侦查监督部门同时介入侦查。但证据时效性比较强，时间拖延有可能毁损、灭失，进而有可能出现犯罪嫌疑人逃匿，证人、被害人死亡或出境等情况，将导致补正困难或无法补正。这就决定了检察官应当及时介入引导侦查，防止证据灭失或毁坏。司法实践中，在向检察机关报捕时，调查取证工作已基本完成，此时由检察官介入为时已晚。笔者认为，在犯罪嫌疑人被羁押的情况下，检察官应当在24小时以内介入侦查，在犯罪嫌疑人被取保候审的情况下，介入时间可以延长至7日以内。

（五）检察引导侦查的方式

检察机关应当依据审判环节证据要求，对侦查机关案件证据的收集实施引导，帮助他们明晰侦查方向，提出明确具体的要求，使引导侦查的建议具有可操作性和实用性。检察机关可以采取以下措施参与引导侦查：参与讯问犯罪嫌疑人、询问证人；提前审阅有关的案件材料；参与勘验、检验、讨论案件；建议对证据的复核、复验；建议补充证据、补正证据瑕疵、排除非法证据；监督取证活动等，并将《提供法庭审判所需证据材料意见书》《补充侦查提纲》作为检察引导侦查的主要法律文书。[1]

（六）检察引导侦查的机制保障

强有力的长效机制是检察引导侦查制度得以落到实处的坚实保障。一是要明确捕诉环节分工。检察机关侦查监督及公诉部门在引导侦查内容上应各有侧重，这样才能发挥各自职能优势，增强引导侦查的针对性。侦查监督部门的工作重点应放在强化取证方法、侦查手段和强制措施的合法性、必要性、合理性的监督上，促进侦查工作由“抓人破案”向“证据定案”转变。[2]公诉部门的工作重点在于引导侦查人员全面客观收集固定所有证据，对证据的补充和完善提出建议，引导侦查人员从庭审角度去收集证据材料。二是健全沟通机制。检察机关与侦查机关应当建立常态化的联席会议制度，定期通报案件进度，邀请侦查人员旁听法庭审理，开展典型案例分析研讨，加强办案信息互通，实现意见及时传递，提升侦查人员的证据意识、法律意识。同时，侦诉双方应当及时加强沟通联络，侦查机关在立案、侦破阶段应及时通知检察机关，并报送相关材料。三是加强类案引导。推动检察引导侦查由“个案引导”向“类案引导”转变，检察机关可以结合办案情况，定期进行案件情况分析，撰写类案问题通报，指出侦查活动中出现的倾向性、多发性、苗头性问题，对犯罪构成、类案重要证据、证据标准进行引导，并提出针对性指导意见，努力提升检察引导侦查的整体水平。

1 沈新康：《公诉引导侦查的探索与完善》，载《华东政法大学学报》2010年第5期，第78页。

2 孙谦：《努力提升公诉工作水平为全面推进依法治国作出新贡献》，载《检察日报》2015年7月22日。

大规模群体性事件的处置及应对 *

张洪波 **

摘　要： 将法治思维和法治方法全方位贯彻落实到公安机关对大规模群体性事件的预防和处置中，公安机关的基本角色应当定位在事态整体控制、现场冲突化解、有限现场裁量三个方面。公安机关必须精确把握情报、控制事态发展、防止升级恶化、避免最坏结果，要在第一时间把现场的情形、发展的态势如实报告上级，第一时间发布信息，及时公布事情真相，必须强化情报信息收集、研判、及时上报和与有关部门共享的意识和能力，要从知识结构、指挥系统、处置流程和处置战术等方面提升公安民警在大规模群体性事件现场处置中的警务技能专业化水平，要将大规模群体性事件的处置放在群体性事件分类分级处置的框架之中：将人民群众提出合理诉求的事件和民众泄愤事件区别对待，将暴力事件和非暴力事件区别对待，将重大事件和特别重大事件区别对待，必须杜绝群体性事件向激进化、暴力化、政治化演变。

关键词： 大规模群体性事件处置　警务技能专业化　公安机关

2017 年 1 月，中共中央政治局委员、中央政法委书记孟建柱在中央政法工作会议上强调："政法机关要进一步增强政法工作的政治责任感，强化忧患意识，提高政治警觉和政治鉴别力，深入分析研判可能影响政治安全的风险，对可能演化成危害政治安全案事件的苗头隐患，要及时采取有效措施，防止起势成事，坚决维护国家政治安全，特别是政权安全、制度安全。" 2018 年 1 月，党的十九大后首次召开的中央政法工作会议针对党的十九大报告对我国社会主要矛盾已经转化为人民日益增长的美好生活需要和不平衡不充分的发展之间的矛盾的主要论断，明确提出实施依法治国方略，不断强化法治治理的观念，完善法治治理的能力。这就要求在大

* 本文是江苏省高校优势学科建设工程、江苏省"十三五"期间法学重点建设学科、江苏高校品牌专业建设工程资助项目（TAPP）资助项目；司法部 2015 年度国家法治与法学理论研究项目一般课题《安全导向下的网络信息权利规制》（15SFB2005）、江苏省教育厅高校哲学社会科学研究重点课题《虚拟社会管理法律问题研究》（2014ZDIXM030）、江苏省公安厅公安理论及软科学项目《网络信息监控的协同执法研究》（2016LX006）项目成果之一。

** 张洪波，江苏警官学院基础课教研部主任，法学教授、法学博士。

规模群体性事件的处置上，不再一味地强调单纯依靠公安机关强制力，这体现了政法工作和公安工作思路的转变，从“维稳”转为注重前期治理。这是党中央对于以大规模群体性事件防控为主要抓手的维稳机构的工作理念和方法的重大变革，即将法治思维和法治方法全方位贯彻落实到公安机关对大规模群体性事件的预防和处置中。

一、准确定位公安机关的基本角色

大规模群体性事件处置的直接职责部门除了公安机关，还包括各级党委的维稳办，由于大多数地方维稳办设在公安机关，因此，公安机关实际上是一个应对处置群体性事件的广义主体，既包括公安机关，也包括党委维稳办。近年来，公安机关在应对大规模群体性事件过程中，从组织体系、工作机制到警力配备、技术装备，再到技战术的提炼、演练和现场运用，普遍积累了丰富的经验。这对有效控制事态、避免事件现场人财物侵害而言无疑是极为重要且必要的。但是由于大规模群体性事件的复杂性，公安机关在处置中既不能激化矛盾，又不能贻误战机，加之在大规模群体性事件的发生发展过程中公安机关的角色扮演并不能完全自主，[1] 其角色定位存在着角色不清、角色冲突和角色中断的情况。[2] 例如，大规模群体性事件涉及的征地拆迁、环境保护等法律关系、技术参数、补偿措施及标准等，相对比较专业，公安机关无法作出解释，更无法作出承诺；有关这方面的舆情引导，其他有关职能部门更专业、更权威。面对这样的现实窘境，现有的研究成果对公安机关在大规模群体性事件处置中的角色定位大体上有两种不同的观点。一种属于少数研究者的观点，他们认为，因为公安机关的法律职能和政治性质以及大规模群体性事件的违法犯罪性特征，公安机关在处置群体性事件中应该扮演主要角色，起到主力军的作用，具体表现为事件的审批管理者、信息的收集分析者、秩序的维护管理者、事态的控制者、责任的追究者以及矛盾的化解者、法律法规的宣传者。[3] 另一种为大多数研究者普遍接受的观点，拒绝将公安机关在大规模群体性事件的职责泛化，认为公安机关在大规模群体性事件中既充当秩序的维护者，又充当纠纷的仲裁者，这种大包大揽的工作方式，已经超出警察权的范围，甚至使得警察权力不同程度地被非法使用。公安机关应当将自己的角色定位在警务活动范围之内，除此之外只能作为党委政府的助手、化解矛盾的辅助，同时还要防止“因为越位而导致警民冲突，把矛盾转移到公

---

1 杨金东：《群体性事件处置中的中英警察角色比较及其启示》，载《云南社会科学》2014 年第 2 期。

2 孔雯：《群体性事件处置中的警察角色认知与公共沟通》，载《四川警察学院学报》2007 年第 5 期。

3 唐志拓：《公安机关应对群体性事件的角色研究》，上海交通大学 2010 年硕士学位论文，第 36-40 页。

安机关身上”[1]。

为此，我们认为，在大规模群体性事件处置过程中，公安机关的基本职责主要体现在事态整体控制、现场冲突化解、有限现场裁量三个方面。

（一）事态整体控制

在大规模群体性事件处置过程中，公安机关是部分责任者和特殊责任者，部分是指公安机关不可能承担全部责任，特殊是指有些职能只能由公安机关行使。孟建柱同志指出：“在处置群体性事件中，要明确公安机关的主要任务是维护现场秩序，化解矛盾，制止过激行为，防止局势失控”，要“加强向党委、政府请示汇报，积极争取理解和支持”。[2]这是为公安机关科学定位的总纲，要依据这个总纲准确定位公安机关在大规模群体性事件处置中的角色。要明确两个问题：第一，要正确认识公安机关角色的不同含义，即政治角色、社会角色和法律角色。第二，要正确认识大规模群体性事件的性质，明确区分“事件”本身和导致事件发生的“原因”。

公安机关在大规模群体性事件中的角色定位最主要的就是作为法律角色的“维护秩序和追究责任的决策者、指挥者、行动者”。虽然根据有关政策规定，党委政府是大规模群体性事件首要的责任主体，但是在治安秩序维护和违法责任追究中，公安机关应是决策者、指挥者和行动者，也就是“领导者”。这不仅因为维护秩序、追究责任所需的法律权限被授予公安机关，而且相对于党委政府，作为职能部门的公安机关更懂得如何依法、依政策做好相关工作，尤其是在大规模群体性事件的处置中，无论是警力的调配、隔离管制措施的实施，还是战术战法的运用，都完全依赖公安机关指挥人员的法定权限和专业能力。因此，公安机关在大规模群体性事件现场秩序维护和事后责任追究方面，必须当仁不让地承担起“领导者”的责任，对于有关领导和部门的一些明显违法、不当的命令和指示，要能够明确予以指正，并可以通过向上级公安机关报告的方法进行协调。

正如王大伟教授所认为的，警务改革新专业化的基本要素是“承担责任性（accountability）”[3]，公安机关不能将自己仅定义为法律执行者而从政治安全和社会服务的责任中脱身而出。公安机关在大规模群体性事件处置中除了要扮演好秩序维持者和责任追究者的法律角色之外，还需要从整体事态的控制入手，担当政治角色和社会角色。就政治角色而言，应明确作为统治工具的公安机关要为消除可能的政治风险而采取必要的行动，如对社会稳定风险的日常评估和专项评估；对规模大、

1 胡祖俊：《关于公安机关预防和处置群体性事件的思考》，载《公安研究》2009 年第 4 期。

2 孟建柱：《深入学习实践科学发展观做党的忠诚卫士和人民群众的贴心人》，载《求是》2008 年第 21 期。

3 王大伟：《新警察专业化论——第五次警务革命向何处去》，载《中国人民公安大学学报（社会科学版）》2012 年第 6 期。

影响范围广的大规模群体性事件的动员机制、经费来源、组织资源等进行深入调查，对事件背后可能存在的境内外敌对势力进行分析研判。就社会角色而言，作为公共秩序和服务的提供者，对那些具有盲目性的群体性事件参加者，公安机关还可以引导他们找到解决问题的方法和路径，当然这并不意味着代其解决问题，而只是运用警察的专业知识，提供一些指引性的意见。例如，环境污染纠纷引起的大规模群体性事件，由于环境权利的救济较为专业，一般民众对解决此类纠纷有哪些合法途径可能并不十分清楚，从而倾向于直接采取集体行动，对此，警察可以告知其救济的制度化途径，实际上，警察在这里扮演的是多元解纷机制引导员的角色而不是法律援助的角色。

（二）现场冲突化解

在职责范围内，帮助解决困扰人民群众的问题、解决人民内部矛盾纠纷是公安机关的优良工作传统和维护政权稳定的实际需要，但应当认识到，包括接访、指导人民调解等在内的群众工作，实际上是公安机关工作内容的一个独立组成部分，有必要将其和群体性事件处置工作区分开来。即便是在大规模群体性事件发生后，公安机关帮助群众初步解决纠纷，也应当将其当作独立的群众工作来开展，而不能和大规模群体性事件处置工作相混淆。不将“纠纷矛盾的化解者”这个角色定位给处置大规模群体性事件的公安机关，是为了避免让群众产生这样一种错误认识：公安机关帮助解决纠纷就是为了处置群体性事件，因此只有采取集体行动才能引起包括公安机关在内的政府部门的关注，从而帮助解决问题。这将会使公安机关陷入“大闹大解决、小闹小解决”的困境。

处置群体性事件中的“化解矛盾”，实际上有两种理解：一是认为公安机关只要将事件现场的对立和紧张的“矛盾状况”消除了，然后采用理性、合法的方式去处理纠纷就算是化解矛盾了，至于导致群体性事件发生的纠纷本身是否真正被解决并非是处置群体性事件的职责；二是认为公安机关不仅要消除现场的紧张对立，同时还应该继续进行调解、斡旋等工作，以帮助解决问题，实现社会和谐。我们认为，应当以第一种理解为准，帮助解决问题虽然也是公安机关的职责，但不宜作为公安机关在大规模群体性事件处置中的主要职责。

（三）有限现场裁量

就及时有效控制局面、平息事态而言，公安机关现场指挥的自主权不足，且往往是“带着镣铐跳舞”。在调研座谈中，各地普遍反映一些群体性事件的规模由小到大、参与者的情绪及行为由比较理性到非理性，与党委政府参与处置的主要领导的拖延有直接关系，主要领导很难下决心，决策犹豫、指令延缓，导致错过最佳的处置时机。对此，应通过立法赋予公安机关现场指挥更大的裁量权，以增强大规模群体性事件的处置能力、确保公安机关处置的效果。

在大规模群体性事件处置过程中，公安机关应该具备五项工作权限：一是外围控制权，强化对各级政府、重大设施、军事要地、商业中心、交通枢纽等重点部位及周边的防控，严防外围人员涌入中心现场聚集；二是交通疏导权，在做好现场秩序维护的同时，安排足够警力维持交通秩序，严防形成交通拥堵；三是突发情况处置权，准备足够的武警、特警等应急处置力量备勤待命，防止出现打砸抢烧等过激行为；四是重点人员管控权，安排秘密力量进入中心现场，进一步摸排盯死参与聚集活动的重点人员、挑头骨干，固定证据，适时控制；五是舆情引导控制权，对网上出现的煽动性、行动性负面信息，第一时间予以删除、落地查人、教育稳控，同时主动协调各大门户网站，采取删帖、关闭评论等方法，严防网上恶意炒作。在行使相应职能的同时，应做到“出事要出场，出场缓出头，出头慎出手，出手不出丑”，即根据公安机关的职能，公安机关必须及时到达现场；看清现场情势后不急于“出头”；若必须“出头”则要以劝服和对话为主，切记莽撞出手；如果情势恶化，出手则一定需要果断，以免处于骑虎难下的被动境地。

二、积极加强情报信息的研判能力

大规模群体性事件的成功预防及处置，关键在于及时、准确地获取广泛的、深层次、预警性情报信息，为领导决策、准确把握战机提供依据。准确的情报信息可以为正确决策、平息事态奠定基础，避免因情况不清、决策不当，造成更大的损失。公安机关必须精确把握情报、控制事态发展、防止升级恶化、避免最坏结果，要在第一时间如实把现场的情形、发展的态势报告上级，情况紧急可先电话后文字报告，为上级决策提供准确情报和可靠依据，不得迟报、误报、漏报甚至瞒报。要在第一时间发布信息，及时公布事情真相，核实多少，公布多少，不让谣言有传播的时间。在公布真相的同时，还要表明党和政府的态度，以稳定人心，争取主动。因此，必须要强化情报信息收集的意识、情报信息研判的意识、情报信息及时上报的意识和将情报信息与有关部门共享的意识。

（一）健全情报信息获取机制

要加强事关大规模群体性事件的情报信息网络建设，建立公秘结合、专群结合、纵横交错，覆盖整个社会的情报信息工作体系。做到定期排查与专项调查相结合、日常排查与重点排查相结合，第一时间掌握相关动态活动情况，第一时间向党委政府及上级机关报送信息，第一时间为领导科学决策服务，便于及时准确发布预警指令。要坚决杜绝大规模群体性事件情报信息迟报、漏报、瞒报和报送虚假信息的情况发生。在健全完善信息获取、加强预警机制方面，必须延伸信息触角，及时掌握获取可能引发大规模群体事件的倾向性、深层性信息。推动各级政府统筹、整合网管资源，加快形成各有关部门、研究机构等协作联动的网上民意收集、舆情分析研判体系；要通过加强基层组织、设立信息员、培育治安骨干力量等多种办法，建立横向到边、纵向到底、纵横交错的情报信息网，及时、准确地收集影响社会和谐稳定的情报信息。

扩大采集范围，丰富采集手段，增加信息储量，尤其要注意采集深层次、内幕性、预警性信息，并进行疏理核对，去粗取精，去伪存真，提高信息精确灵敏度；要着力解决信息滞后和不对称问题，本着谁主管、谁负责，谁引发矛盾、谁担当的原则，把主动收集信息、主动化解矛盾的责任，落实到各级政府和各个部门。建立经常性滚动排查机制、重点时期超前排查机制，在重大时期、重大会议、重大活动期间，实行矛盾纠纷信息日报制，组织开展矛盾纠纷的集中排查化解，切实掌握矛盾纠纷发生、发展的规律，保证信息的对称性，为解决大规模群体性事件提供信息基础。

（二）提高情报部门实战能力

一是提升情报部门统筹协调能力。在外部，加强与安全、军队、武警等部门开展研判会商，互通共享情报资源；加强与发改委、环保等部门的沟通联系，主动收集发现可能影响平安稳定的情报线索。在内部，立足打整体仗、合成仗、信息仗，统筹协调好各地、各部门的情报资源，力争做到情报收集全面覆盖、情报指令权威高效、情报推送精准快捷、情报服务扁平高效。同时，省级公安机关应建立专门的情报机构，常态参与大数据指挥中心合成研判，战时集中参加情报攻坚。

二是提升风险隐患监测发现能力。强化公开情报收集，紧盯与人民群众密切相关的重大决策、重要政策、重点项目，对可能影响社会稳定的苗头性问题，做到早发现、早报告、早处置；强化深度综合研判，紧盯环境保护、征地拆迁、投资理财等敏感性强、活跃度高、潜在危害大的重点领域，监测发现“爆点”“燃点”。

三是提升情报产品精确推送能力。按照“快速、精准、高效”的要求，不断创新改进情报产品推送渠道，依托蓝信、微信、短信和情报平台等多种载体，短平快地向各级领导、警种部门和实战单位推送研判成果，提出处置对策建议和工作要求，制定重大事件处置情报工作操作规程。

四是提升情指一体实战攻坚能力。即融情报与指挥为一体，对发生的大规模群体性事件，应第一时间派出情报研判小组，进驻前方指挥部和总指挥部，跟随领导作战，按照情报指挥无缝对接、前台后台一体运作、上级下级整体联动的要求，随时为领导决策和指挥处置提供信息查询、手段支撑和研判参考等服务。

五是提升数据资源融合汇聚能力。围绕各类治安要素异常波动等情况，依托情报平台升级改造和风险库建设应用，研发建设一批符合实战、基层需要的研判模型和智能比对工具，全力支撑基层实战应用。特别是针对情报平台支撑保障不足问题，进一步汇聚整合数据资源，真正实现“大整合、高共享、深应用”。

（三）加大情报信息协同执法

网络信息技术的进步迫使公安机关和其他执法部门不得不想方设法提高其监控网络信息数据的能力，美国组建了一个由商务部、司法部和联邦调查局组成的特别工作组，加强网络信息监控执法，使得执法机关能够监控一切通信服务，包括黑莓加密电子邮件、Facebook 等社交网站及 Skype 等端对端的即时通信软件等。网络时代的信息监控，已经发展到实时数据监控、存储数据的调取、数据的解密等众多领域，监控的模式和参与主体趋向多元化，颠覆性地改变了传统的监听概念，网络信息的支配权和话语权正在转向大型网络信息服务商，必须重新阐释和理解传统监听的概念，树立信息协同安全的观念，依托网络信息服务商开展协同执法，加大情报信息协同执法的力度。通过协调统筹执法制度和网络技术、利益驱动和责任制约、国内和国际之间的协同配合，检测出可能发生的大规模群体性事件并作出预警准备，以事前预防和控制替代事后的处置。

三、不断提升应对处置的专业水平

联合国曾在 1976 年 6 月 21 日至 7 月 2 日召开的犯罪预防与控制会议上，通过了一份《联合国警察守则草案》，规定了十项各国警察应尊奉的基本准则。[1] 这充分证明了警察职业伦理在警察专业化中的重要性。具体到群体性事件处置，民警最需遵循的伦理准则就是忠于职守。我们发现，部分大规模群体性事件中，个别参与处置的民警存在尽责不够充分、行动不够及时、态度不够明确的现象。正如德国学者贝克所言，环境污染损害的分配逻辑是“打破了阶级和民族社会模式的”分配。[2] 在这个意义上，警察专业化首先就是警察能够以专业人员标准要求自己，自觉将个人情绪、态度、立场与履行职责完全分开。在此基础上，警察应该努力优化自身的知识结构，提高执法专业水平。

在当前全面深化公安改革的大背景下，公安部正在大力推进基础信息化、警务实战化、执法规范化、队伍正规化建设，进一步提升公安机关的履职能力和水平。大规模群体性事件现场处置的专业水平不仅极大地影响到能否平息事件、实现个案的解决，而且对警察权威树立等普遍性问题也具有极其重要的意义。[3] 警务专业化建设必须高度重视大规模群体性事件的现场专业处置，即理解和知晓为何及如何处置，

1 陈明传：《论警察伦理之内涵及其教学与研究方向》，载《通识教育与警察论理学术研讨会论文集》。

2 [德] 乌尔里希 • 贝克：《风险社会》，译林出版社 2004 年版，第 21 页。

3 袁广林：《警察职业素质论纲：专业化的视角》，载《中国人民公安大学学报（社会科学版）》2007 年第 4 期。

包括如何进行现场控制、如何实施隔离、如何实施进攻等。提升大规模群体性事件现场处置的专业水平，可从以下几个方面努力：

（一）知识结构专业化

当今时代，称职的警察不仅要有基本的专业技能，还必须掌握警察科技以及与业务工作有关的法学、心理学、犯罪学等社会科学知识。[1]美国的 Lawrence • W. Sherman 提出，警察应当接受足够的警务理论和实践教育，使自己成为真正意义上的“警务专家”。[2]知识结构专业化的提升就是提高警察理解政治政策、认知社会问题、掌握群体心理的水平。在大规模群体性事件处置中，具备合理知识结构的警察可以担当更多处置重任，通过理性论证、权威发布，改变事件变异中的符号化认知并击碎纷飞的谣言。例如，“江苏网警”公开执法账号曾发布的辟谣贴文《关于连云港核循环项目，所有的谣言与真相都在这》，访问量达 310 万次；发布的《网民魏某煽动“8 • 15 罢工”被刑拘》的贴文被五大门户网站、70 余家媒体转载，阅读量累计达到 650 万余次。权威部门主导参与起草的《暂停就是停止，核循环项目不会在连云港落户了》《不要让谣言牵着自己走》等引导性文章，进一步澄清了网上盛传的几大谣言，分析了谣言的欺骗性和危害性，介绍了造谣传谣触犯的法律规定，引导群众不造谣、不信谣、不传谣、不盲从，消除了广大群众对政府宣布暂停决定的疑虑，引导群众打消继续聚集抗议和罢工的念头，起到了很好的引导作用。

（二）指挥系统专业化

高效、统一的指挥体系对成功进行现场处置具有极为关键的作用，可供参考的是香港警方应对“占中”违法运动的指挥体系。早在 2013 年 3 月“占领中环信念书”发表后，香港警方就成立了由警务处长挂帅的最高行动指挥部，该指挥部下设三级指挥体系：负责整个警方行动指挥的为警务处副处长（行动），统一协调不同区域和各警种警力进行处置工作；将事件主要发生地点划分为两大区域，分别由两名总警司负责指挥；再将该两大区域细分为 4 个地段，每个地段由一名高级警司负责现场指挥。在力量部署上，香港警方则采取三级梯队布警：第一梯队是机动部队（PTU），第二梯队是冲锋队（EU），第三梯队则是从各警区抽调组成的警员队伍，另外再辅之以各警区增援力量和特别战术小队（速龙小队）执行特别任务。这种多层级的指挥体系和多警种协同作战的模式在清场行动中发挥出了极大的效能。虽然其和内地目前极为推崇的扁平化指挥体系稍有区别，但从处置大规模群体性事件的角度来看，可能更有章法。此外，为提升执勤警察的士气，香港警务处还充分发挥“人

1　詹伟：《第十九届国际警察高度专业化研讨大会综述》，载《公安大学学报》1997 年第 6 期。

2　徐鹏：《警务专业化理念下的美国警察招录培训课程启示》，载《江西警察学院学报》2014 年第 3 期。

事服务及职员关系科”的作用：其膳食以“几远都送，几多都送，几时都送，几难都送，一定送到”为口号，除了为同事准备三餐外，更为他们准备休息时的小吃、生果和饮品，其中包含糖果、果仁、能量棒、饼干、香蕉、苹果、凉茶、绿茶、电解质饮品；职员关系科及心理服务科在行动中抓紧事态发展脉搏，通过手机和计算机网络，适时向同事发放通报，澄清谬误信息等，加强内部沟通；警察福利主任亦为在行动中受伤的同事送上关心和提供实时福利支持等。这些都表现出香港警队协同指挥的高超专业水平。

（三）处置流程专业化

法治公安要求在大规模群体性事件的现场处置中坚持以法律为准绳，处置行动不能违反合法、合理的基本要求，要遵循合法性流程。对此，公安部2008年颁布的《公安机关处置群体性事件规定》明确要求：“使用警械前，现场民警应当以广播、举牌等方式明确告知聚集群众，并将告知方式以适当形式记录在案；使用警械处置群体性事件，应当以制止违法犯罪行为为限度，当违法犯罪行为得到制止时，应当立即停止使用。”但实践中公安民警因为专业能力不足，未能很好地做到。反观香港警方对“占中”违法运动的处置，香港警方通过挥动红、黄两种颜色鲜明的旗帜警告示威者，起到了较强的警示作用，其中黄色旗帜用中英文写有“警告你已违反法例”字样，而红色旗帜则写有“远离否则使用武力”字样。一旦出现人群聚集，警方先高举黄色旗帜进行警告，要求离开现场，如果没有效果且对警方防线造成威胁，则高举红色旗帜，并主要使用辣椒水这种低武力警械对人群进行驱散，不仅效果好，也更容易获得市民的支持。

随着科技强警战略的深入实施，公安机关警械装备在不断升级，然而适合用于处置大规模群体性事件的专用装备仍然缺乏。如隔离设备，目前在我国大规模群体性事件处置中，对人群的隔离主要采用警戒带和人墙，前者毫无效果可言，后者则既浪费警力资源又可能对警察人身安全造成威胁。反观在香港“占中”运动处置以及台湾地区“太阳花”运动处置中，两地警方所使用的一些隔离设备值得借鉴。一是香港警方使用的高达3米的水马，这种设备注满水后有2至3吨重，再用尼龙扎带将数个水马进行固定，这种隔离栏几乎是无法突破的；二是台北警方所使用的移动式铁丝圈，这种设备由1至2米直径的钢圈做骨架，再将铁丝网缠绕其上，既可以拉开使用又可以聚拢收起放入工具车内。

（四）处置战术专业化

从战术上讲，目前我国大规模群体性事件现场处置多采取优势兵力的战术队列进行清场，寻机抓捕挑头分子。这种战术虽然成功率较高，但对警力的使用是较为粗放的，而且大军压境也容易激发群体性事件参与者的暴力情绪。20世纪70年代，德国警方为了应对层出不穷的新社会运动，开发出“警察小队”的战术形式，以执行特定任务。[1] 香港警方在处置“占中”违法运动时，也使用了这种战术。例如，为了应对“占中”处置可能面临的警力不足问题，通过战术研究将以往需 4 名警察抬走 1 名示威者变为仅需 2 名警察即可完成。2014 年 10 月 16 日晚的一次拘捕被认为是香港警察专业素质的最好体现。当时 1 名便衣发现有人实施故意损坏他人财物的违法行为，随即冲入人群进行抓捕，同时包括 1 名高级督察在内的两名着装警察也冲入人群进行配合，在被 300 余“占中者”围攻的 30 分钟内，这三人采用多种战术一直保持着对“占中者”的威慑力，当有人试图挑衅时，便衣将嫌疑人压在身下，另两位着装警察则相互保护着对挑衅者使用伸缩警棍进行打击，一旦挑衅者退回，警察又将警棍扛在肩上保持警卫姿态，最终等到支援成功将嫌疑人带回警局。虽然这次拘捕行动看起来稍显鲁莽，但这三名警察极高的战术专业水平，成功塑造了香港警方精益求精的良好形象。

四、认真实施现场分类的有效处置

大规模群体性事件的核心含义不仅在于人数的多寡，而且在于其不能被现有的社会秩序和政治秩序所容纳，具体的判准则是其对社会安全的破坏程度以及对政治稳定的影响程度。大规模群体性事件既已严重违反法律又不能容于社会主流价值观，那么依法强制驱散、强制带离现场、先行拘留、不同武力级别警械的使用、对重要场所的警戒、对重要人员的保卫等措施自然可以依法运用，但实践中依然存在“政策把握难、界限区分难、对错裁定难、基层应对难”的问题，导致一些群体性事件因处置不当从小规模演化为大规模。所以，大规模群体性事件的处置不应孤立起来对待，而应该放在群体性事件分类分级处置的框架之中：将人民群众提出合理诉求的事件和民众泄愤事件区别对待；将暴力事件和非暴力事件区别对待；将重大事件和特别重大事件区别对待。此外，还必须杜绝群体性事件向激进化、暴力化、政治化演变。

（一）第一时间控制现场

大规模群体性事件处置必须果断，第一时间原则是危机处置的首要原则，也是群体性事件处置的首要原则。群体性事件中，对于少数人试探性的暴力行为，公安机关应采取零容忍的策略，避免变相鼓励更多的人针对警察使用暴力。大规模群体性事件发生后，涉事地党委政府主要负责人、公安机关主要负责人及相关单位主要负责人必须立即（第一时间）赶到现场，组织指挥处置。对于突发群体性事件，按照《中华人民共和国突发事件应对法》等法律法规规定的职责、权限、原则和程序，

1 ［意］多娜泰拉·德拉波尔塔：《社会运动、政治暴力和国家：对意大利和德国的比较分析》，上海人民出版社 2012 年版，第 77 页。

迅速启动应急预案，迅速调动警力，果断处置；情况危急时，领导同志要勇敢地站在第一线，做到处变不惊，沉着应对，敢于担当，勇于负责，依法、及时、果断、正确、稳妥处置。需重点把握以下三点要求：

1. 控制现场。要采取坚决措施，防止事态扩大、升级、恶化、失控，对煽动聚集的重点部位重兵压境、强化管控，全面落实防护措施，按照“远端控制、中端带离、近端隔离、中心劝离、层圈过滤、只出不进”的方法（战术），迅速调集警力，分层设防，及时把事件参与者与围观者分离开，防止别有用心的人混迹其中，防止因现场混乱导致现场失控、事态升级。同时在外围还要组织若干警力待命，随时做好增援准备。处置过程中，警察不带枪械、少带盾牌，坚持文明规范执法，避免激化矛盾、扩大事态，以期产生较好的社会效果。

2. 疏导情绪。要全力疏导、缓解群众的情绪，防止情绪效应蔓延。群体性事件处置，尤其是那些民众具有合理诉求的群体性事件的现场处置，要注意处理好“疏”与“堵”的关系，宜疏不宜堵、宜散不宜聚、宜顺不宜激、宜解不宜结。领导干部要敢于面对群众，勇敢地站到一线，与群众面对面地对话（干部必须站在盾牌与群众之间，没有退路），有效舒缓群众情绪，缓和紧张气氛，最大限度地防止情绪发酵、产生情绪效应。网上舆情引导也是情绪疏导的重要方面，要及时封堵删除网上的负面有害信息，解散事件重点群组，删除有害视频、图片，落地查处、教育稳控煽动事件的重点网民，对于其中造谣惑众的不法人员根据法律规定必要时采取行政拘留，同时，鼓励和支持志愿者正面发声，对事件准确客观跟帖评论。

3. 疏散人群。要组织强大力量，千方百计疏散围观聚集群众，全力减少现场人员，最大限度地防止从众效应、波纹效应、剧场效应。具体处置时，应充分运用合适的警用装备，形成足够的威慑局势，使势态尽快得到控制，并减少可能造成的人员伤亡。

（二）合法合理使用武力

严格把握现场处置的尺度，现场不抓人、尽量少流血、绝对不死人。具体要求包含以下几点：

做到“两个绝对”，即处置群体性事件绝对不能使用杀伤性武器；绝对不能向群众开枪。这不仅是因为大规模群体性事件的参与主体主要是群众，而且其也与我国党和政府解决人民内部矛盾的政策相一致。

坚持“三个慎用”，即慎用警力、慎用强制措施、慎用武器警械。慎用的目的是尽可能减少对群众的伤害，并可以为后期彻底解决问题奠定坚实基础。当然，慎用不是不用，而是要掌握好时机和方式。一旦事件升级、恶化，就必须依法坚决果断处置，当用则用。用警——必须保证有足够的警力迅速到位，形成威慑力，不动则已，动则必胜。使用强制措施——必要的时候可采取强制分割隔离、强制带离、强行驱散、强行清场等措施，但使用强制措施要以制止其行为为限度，尽可能不伤人、不流血，绝对不能死人。使用警械武器（包括非杀伤性武器）一定要特别慎重，能不用尽量不用，非用不可时，一定要把握好度，以控制事态升级、恶化为限度。

采取强制措施时要注意遵守合法性原则和比例原则，谁基于何种权限决定了哪种强制措施可考虑以书面“行政令状”的形式留下证据，具体实施时要注意遵守“最低武力”原则，避免造成不必要的伤害以及给旁观者造成不必要的“视觉冲击”，诱发旁观者的敌意，造成新的以警察为对象的对抗行为。

（三）事后务必区别追责

大规模群体性事件的法律责任追究须严格执行“违法必究”的要求，确保政府执法在阳光下进行，满足民众的需求，从而提高政府和官员的执法水平和能力，有效地减少大规模群体性事件的发生和扩大。对此类事件的参加者应根据违法犯罪行为的情节进行不同处理：在追究所有的违法行为的基础上，区别对待首要分子、组织分子和胁从分子；对触犯刑法的，追究其刑事责任；对违法情节相对较轻而不构成犯罪的，追究其行政责任；对造成他人损失的，帮助受害人索赔。这样做既能维护法律权威、恢复被破坏的秩序，又能实现个案的公正，同时能构建集体行动的法律底线，起到教育群众的作用。

实践中，有些地方公安机关会将追究法律责任作为劝离参加者的一种另类“法律武器”，这是值得推广的优秀经验，但运用中需要根据具体的情节谨慎把握，如果在追责的问题上出尔反尔，会极大伤害本就脆弱的法律权威。同样需要注意的是，不追责必须是在自由裁量权的范围之内的不追责，超出这个范围，公安机关的不追责行为就可能违反法律。大规模群体性事件事后追责必须严格依法做好取证工作，保证证据符合“三性”要求，避免追责的困难。同时，因为现行法律的追责通常限于首要分子、组织者和具有其他严重违法犯罪行为的嫌疑人，取证必须具有具体针对性。

互联网防控：社会治理新课题

陆 晓[*] 张晓东[**]

摘 要："互联网+"既可以给社会和公众创造效益、带来便捷，也可能给国家安全、政权安全、社会公共安全、人民群众生命财产安全和现代化建设等带来负面影响，病毒侵袭、网络欺诈、谣言漫天、黑客攻击等问题给维护稳定和社会治安带来困扰。建立和完善互联网防控，维护网络安全，是维护国家安全、政权安全、社会公共安全、人民群众生命财产安全和保障现代化建设的需要，必须坚持依法处置、协同监管、整体预防、确保安全等原则，从法律、组织、监管、处置等多层面构建立体化的防御网、巡控网和侦查协作网。对云计算、大数据、物联网、"互联网+"等新技术、新业务，一方面要尽快制定网络安全标准，完善相关防控措施；另一方面要吸收转化，变成公安机关的网络社会治安防控手段，提升对网络入侵、网络欺诈、网络黄赌毒、网络病毒、网络诽谤侮辱等的防控效率和防控科技含量。尽快制定和完善符合我国实际的网络安全基础法律体系，在最大限度保障公民网络自由的前提下，有效控制网络风险，维护网络安全，既是"互联网+"时代规范产业发展，推动结构升级，实现战略转型的现实需要，也是依法治国战略实施的应有之义。

关键词：网络安全 互联网防控 社会治理

改革开放以来，我国信息化建设突飞猛进。目前，我国网民数量近7.1亿，占全世界网民数量的五分之一，是名副其实的网络大国。当前，"互联网+金融""互联网+商业""互联网+交通""互联网+医疗""互联网+教育""互联网+政务"等新业态初具规模，"互联网+"在给社会和公众创造效益、带来便捷的同时，其系统的漏洞和网络的开放性也给国家安全、政权安全、社会公共安全、人民群众生命财产安全和现代化建设等带来负面影响，病毒侵袭、网络欺诈、谣言漫天、黑客攻击等问题更是给维护稳定和社会治安带来极大困扰。随着"互联网+"时代的到来，

* 陆晓，公安部公安发展战略研究所城市警务研究中心副主任，《城市警务研究》执行副主编。
** 张晓东，苏州市公安局苏州工业园区分局办公室科员。

“网络空间”已经与车站、码头等“公共场所”一样成为不特定人随意出入的区域，强化互联网防控成为维护社会秩序、保护人民群众生命财产安全、保障现代化经济建设的基础性前提。结合当前我国互联网治理的实际，有必要从法律层面、组织层面、监管层面、处置层面和未来层面着手，全面完善规范制度，创新有效防控举措，营造和谐文明、规范有序的网络生态环境。

一、互联网防控的意义

建立和完善互联网防控，维护网络安全，是维护国家安全、政权安全、社会公共安全、人民群众生命财产安全和保障现代化建设的需要。

（一）国家总体安全观构建的需要。习近平总书记多次强调，“没有网络安全就没有国家安全”。国家安全治理是以安全为目的的治理活动，是国家治理体系的重要组成部分，而网络安全是国家安全体系当中信息安全的关键构成。因此，建立和完善互联网防控，维护网络安全，关乎国家命运，意义深远重大。

（二）社会秩序维护的需要。网络空间在与现实空间、现实生活的互动碰撞中逐步融合统一。不法分子以现实牟利为目的进行非直接接触性网络犯罪，不仅严重扰乱网络秩序，而且具有弥散性特征，影响现实社会的各个领域，具有现实的社会危害性。特别是一些“网络公关公司”，明知是虚假信息，却仍以营利为目的雇用大量网络水军，恶意传播、扰乱视听，极易引发网络群体性事件。如果公安机关不能及时有效地对此类违法行为加以管理、约束和惩治，就会让不法分子愈加嚣张，给公安机关的社会维稳工作带来巨大压力。建立互联网治安防控体系能够有效地预防、管控和打击网络违法犯罪行为，减少网络社会治安问题对现实社会治安问题的影响，从而保障广大网民的合法权益，维护正常的社会秩序。

（三）人民群众生命财产安全保护的需要。随着网络技术的发展，互联网逐渐向社会生活全方位渗透，随之而来的还有层出不穷的互联网犯罪。例如，利用网络实行诈骗、盗窃、传销、赌博、贩卖违禁品等违法犯罪行为屡禁不止，海量的网上用户数据大批量被商家贩卖泄露，或是被黑客窃取，给公民个人信息保护带来巨大挑战。随着支付宝、微信钱包等第三方支付平台在人们生活中的普及，互联网支付交易在国内迅猛发展，但网民在进行网上金融、网上理财等交易活动时，普遍对网络安全存在担忧，长此以往，必将产生网络信任危机。因此，加强互联网防控迫在眉睫。

（四）现代化建设保障的需要。2014 年 2 月 27 日，习近平在中央网络安全和信息化领导小组第一次会议上提出，要把我国从网络大国建设成网络强国。互联网发展、运用和治理从此上升到了一个战略高度。在 2015 年的全国“两会”上，国务院总理李克强提出了“互联网+”行动计划，要求发挥互联网在生产要素配置中的优化和集成作用。“互联网+”带给我们无限的想象空间，其在推进国家“一带一路”、“大众创业、万众创新”、智慧城市建设、国家治理体系和治理能力现代化等方面起着举足轻重的作用，必须将互联网防控作为现代化建设的重大战略内容。

（五）新常态形成的需要。当前的中国经济正处于新旧常态转变的关键时期，处于新旧常态过渡的问题多发阶段，经济与社会相互作用，经济领域和社会领域的内在联动性使得新常态同样会给社会领域带来重要的影响。在经济新常态下，经济结构转型加快，新的经济政策在推动经济升级的同时，其副作用迫使社会领域产生了一系列新矛盾，经济驱动力逐渐从要素驱动、投资驱动向以互联网科技创新为主的创新发展转变，科学技术的不确定性在项目运行漏洞下衍生出一系列发生概率小但后果严重的公共安全事件。为此，必须适应外部环境变化和自身发展需求，加强互联网防控，优化社会治理方式，整合利用社会资源，运用行政、法制、调解等多种手段对社会治安进行治理，并从根源上预防和解决问题。

二、互联网防控的现实困境

防控互联网违法犯罪、维护网络社会和谐稳定是一项复杂的系统工程，网络防控的运作过程中常常存在一些普遍性问题。

（一）管理主体复杂，资源难整合、行动难协调。网络社会管理涉及十多个部门，2014 年中央网络安全与信息化领导小组成立后，管理主体的职责得到明确：网信部门负责信息内容管理，公安机关负责打击网络犯罪和网络安全监管，工信部门负责互联网行业监管。此外，安全、保密、文化、广电、新闻出版、工商等部门按照各自职能开展互联网管理工作。但在防控网络违法犯罪工作中，多头管理、部门之间协调不畅是信息网络安全管理面临的重大难题。

（二）网络执法队伍发展规模跟不上网络社会发展速度。我国网络基础资源丰富、网民群体庞大，尽管近年来网络警察队伍以跨越式发展，但仍无法跟上网络社会的发展速度和程度，网络警察维护网络社会稳定、防控互联网犯罪的压力与日俱增。

（三）网络案件打击机制亟待健全。打击网络犯罪既要建立公安与电信、银监、证监等行业主管部门之间的协作机制，又要在公安内部建立多警种、跨地域多单位快速响应机制，以解决工作进展慢、查证结果反馈慢、反馈率低的问题。

（四）网络案件打击的成本高。网络案件跨地域的特点带来打击成本高的问题，侦查人员在工作中需要弄清案件中各线索的准确情况与脉络关系，往往需要动用大量的人力、物力、财力，与犯罪分子在网上作案时低廉的违法成本相比不成比例。

（五）网络案件侦破难度大。网络新技术与新应用的出现，不断翻新网络犯罪类型。网络案件作案隐蔽、跨地域，犯罪产业化、链条化等特点不断加大网络案件侦破的难度，电子数据的易失性和易破坏性也带来取证难的问题。

（六）网络犯罪定性难。我国目前的网络立法还不能完全适应打击网络犯罪的工作需要，存在滞后性。尽管《中华人民共和国刑法修正案（九）》第287条补充了“非法利用信息网络罪”“帮助信息网络犯罪活动罪”，但具体司法解释还未出台，实际执法和犯罪定性仍存在较大问题。

三、互联网防控的原则

建立和完善互联网防控，维护网络安全，必须坚持以下几个原则：

（一）依法处置原则。党的十八届四中全会在党的历史上第一次将“依法治国”作为根本的治国理政方略，系统阐述了在法治轨道上协调、解决我国发展过程中的主要问题与矛盾的基础架构。习近平总书记指出，网络空间不是“法外之地”，要依法构建良好网络秩序，明确各方权利义务。要坚持依法治网、依法办网、依法上网，让互联网在法治轨道上健康运行。因此，解决互联网安全防控的问题，必须纳入法治思维，通过建立完善立法来构建网络安全治理的基本框架，通过加大执法力度来规范网络行为、净化网络环境。

（二）协同监管原则。孟建柱同志在全国社会综合治理创新工作会议上强调：“现代社会，政府单打独斗已不适应人们对公共服务需求多样化、社会问题复杂化的新形势。”必须要开阔思路，牢固树立“一盘棋”思想，增强密切配合、联动共治意识，统筹各方资源力量，进行综合治理。加强公安机关内部协作机制建设，各警种要充分发挥各自优势，加大对案件的防范、查处和侦破力度，互相协作，形成合力。对超出公安监管权限的安全隐患，主动对接、推进政府部门参与，压实部门监管责任，严格落实互联网企业主体监管职责，加强公民网上举报奖励制度，协同监管互联网安全。

（三）整体预防原则。互联网治安问题之所以复杂，一个重要的原因就是虚拟社会与现实社会相互交织。互联网治安违法行为虽然发生在虚拟社会当中，但是造成的影响、实施违法行为的主体以及问题的根源都可能存在于现实社会中。而现实社会的一些问题通过虚拟网络进行发酵扩大，也容易演变为突发的网络安全事件。因此，在互联网社会治安防控体系的建设过程中，一定要坚持网上网下整体预防的原则，将互联网社会治安防控与传统的治安防控相结合，推进网络实名制与网下基础信息管理形成互补。同时，针对网络攻击破坏等违法犯罪，必须尽可能地快速恢复网络信息中心服务，最大限度地减少损失，需要从整体上建立完善网络安全防护、检测、恢复机制。

（四）确保安全原则。网络信息系统是一个复杂的计算机系统，它本身在物理上、操作上和管理上的种种漏洞导致系统具有安全脆弱性，尤其是多用户网络系统自身的复杂性、资源共享性使单纯的技术保护防不胜防，因此，互联网安全防控必须根据防范安全攻击的安全需求、需要达到的安全目标、对应安全机制所需的安全服务等因素，参照 SSE-CMM（系统安全工程能力成熟模型）和 ISO17799（信息安全管理标准）等国际标准，综合考虑可实施性、可管理性、可扩展性、综合完备性、系统均衡性等方面，制定互联网安全防范体系的顶层设计，确保互联网绝对安全。

四、防控互联网犯罪的对策措施

建立和完善互联网防控，维护网络安全，我们必须探讨防控互联网犯罪的方法措施。

（一）法律层面

中央对加强网络社会管理、推进网络依法规范有序运行提出了明确要求，为我国加强网络法治建设、依法治网提供了基本遵循，为互联网法律体系的构建指引了方向。总结我国网络空间法律制度建设的发展历程，大致可以分为三个阶段：第一阶段是传统电信立法阶段。1994 年到 2000 年是我国互联网建设初期，互联网立法内化于传统电信立法之中，如《中华人民共和国计算机信息系统安全保护条例》，主要面向网络安全。第二阶段是网络空间法律体系初步建立的阶段。从 2000 年至党的十八大前，《中华人民共和国电子签名法》《全国人大常委会关于维护互联网安全的决定》等初步构建了覆盖信息网络建设、信息应用管理、信息安全保障和信息权利保护的网络安全和信息化法律体系。第三阶段是网络空间法律体系飞速发展的阶段。党的十八大以来，我国网络空间法律体系进入基本形成并飞速发展的新阶段。伴随着我国互联网走向广泛应用、深度融合的新阶段，一方面全局性、根本性的立法开始启动，中央牵头编制了立法规划，将《网络安全法》《电信法》《电子商务法》统筹考虑并积极推进立法进程；另一方面相关法律、法规、规章和司法解释不断出台，如《中华人民共和国刑法修正案（九）》《中华人民共和国电信条例》《计算机软件保护条例》《信息网络传播权保护条例》等。

2015 年 7 月，《中华人民共和国国家安全法》（以下简称《国家安全法》）颁布，以总体国家安全观为根本指引，首次提出了“网络空间主权”这一概念，表明我国坚定主张网络空间活动也应遵循主权原则。其以法律形式明确宣示了我国的重要立场，并为我国处理网络空间事务明确了根本原则，要求我国各领域开展网络空间活动、处理网络空间事务时，尊重他国主权，并且反对任何国家在网络空间侵害别国主权。新的《国家安全法》规定，国家要建设网络与信息安全保障体系，并加强网络管理，防范、制止和依法惩治网络攻击、网络入侵、网络窃密、散布违法有害信息等网络违法犯罪行为，维护国家网络空间主权、安全和发展利益。

2016年11月，《中华人民共和国网络安全法》（以下简称《网络安全法》）颁布，意味着国家已将新形势下的网络安全问题作为关系国家安全和发展、关系广大人民群众切身利益的重大问题，进一步明确了网信、电信、公安等政府各部门的职责权限，完善了网络安全监管体制，这使得公民个人信息保护将步入正轨，网络暴力、网络谣言、网络欺诈等"毒瘤"生存的空间将被大大挤压。此外，该法还秉持共同治理的原则，鼓励企业、社会组织、技术社群和公民等网络利益相关者共同参与，基层公安机关维护网络安全的依靠力量不断壮大，治理网络环境的能力也将进一步提升。《网络安全法》明确规定了网络服务提供者、网络运营者及使用网络的组织、个人等主体在使用个人信息时的责任，一旦出现网上泄露、非法买卖、非法提供公民个人信息等违法犯罪行为，则可要求持有、使用个人信息的相关责任主体配合调查取证，还可依法开展责任倒查，严肃追究相关责任。通过法律规定的方式对网络诈骗传播与传授的渠道进行遏制，不仅能对诈骗者和诈骗组织起到震慑作用，也明确了互联网企业不可推卸的责任。除此之外，《网络安全法》第五章还提出建立监测预警与应急工作机制，为建立统一高效的网络安全风险报告机制、情报共享机制、研判处置机制提供了法律依据。为实现全天候、全方位感知网络安全态势提供了法律保障。基层公安机关应当进一步加强网络安全信息的收集、分析和通报机制的建立，提升对涉网事件的灵敏度，建立起完善的舆情引导与预警机制，切实从网上和网下加强应急处突的能力。

（二）组织层面

1. 多方参与。在现有网络管理环境下，单纯依靠公安机关的治安防控力量，难以应对日益增多的网络风险。互联网安全需要多方参与、共同治理，将专业治安防控力量与社会力量形成合力，共同应对网络风险。相较于专业社会治安防控力量，网络社会力量在管理效率、信息资源、专业技术等方面优势明显。充分调动网站、互联网企业、网络运营商和广大网民的积极性，将新的网络应用开发、网络业务拓展、网络信息传播与治安防控同步，能够解决网络社会治安防控力量不足、防控效能不高的问题。在具体的治理工作中，社会管理创新的"党委领导、政府负责、社会协同、公众参与、法治保障"20字方针虽然是针对现实社会的，但直接用于网络社会也是可以的。具体来说，就是要树立政府与社会共同治理的创新意识，发挥社会组织与网民的自治作用，实现网络社会的自我管理。

2. 合作共享。首先要培育和发展社会组织，使行业成为网络社会管理的推动者。政府管理与社会自治相辅相成，不可或缺，我们既要加强政府的管理，也需要推进社会自治。通过积极培育和发展各类组织，充分激发基层活力，让社会组织参与网络社会管理。网上信息内容，其性质往往很难判定，除非“颠覆类”“危害公共秩序类”的信息必须由政府出面依法管控外，大量灰色地带的信息还是交由社会组织依靠自律协议来实施管控，以减少公权力直接面对公众言论的情况。共建共享的网络舆论生态，还可以充分发挥每个网民的作用。网站要倡导网民正能量，让网民发挥主动性，成为有朝气、有锐气、有爱心的群体。政府要主动策划部署开展一系列活动，“政府搭台、网民唱戏”，让网民从社会建设的参与者，自觉成为文明行为的实践者、传播者。丰富网上建言献策活动，吸引网民长期聚集、活跃发言、迸发思想。

3. 风险共担。联网单位、网络服务提供单位和网民需要强化安全意识，不断完善自身安全建设，采取相应的技术与管理措施，实现事前积极防御、事中监测与监控、事后应急与处置，有效提升自身的网络犯罪防御能力。政府、行业组织在网络犯罪防御体系建设中承担技术指导、监督、检查职能，如大力开展联网单位备案、安全技术保护措施检查等基础性工作；通过开展多层级网络安全监测、组建应急处置队伍、制定应急预案、开展应急演练等工作提高监测、预警、处置能力，做到对网络安全隐患有效防范，对网络安全事件提早发现、及时处置；组织重点保障单位开展网络信息安全综合演练，搭建网络攻击演习环境，磨合应急处置机制，做好应急处置准备，确保一旦发生信息安全事件，能够快速妥善处置，将影响和损失降到最低。网络安全人人有责，为有效防控网络犯罪，网民、联网单位、行业组织和政府主管部门都有明确的职责和任务。网民有遵纪守法，为自己的网络言论和行为负责的义务；互联网服务单位承担安全防护、安全管理、用户接入及信息发布审核的责任和义务；行业组织宣传贯彻党和政府有关互联网管理的方针、政策和法律法规，制定本行业的行规行约，不断加强互联网经营者的自我管理和监督责任；政府主管部门也需要明确各自在网络治理工作中的责任或权利，分工协作，完善网络信息巡查，实现网络犯罪防控向网络空间的整体拓展，同时接受来自网民的网络违法犯罪信息举报，全面发现梳理有害信息和违法犯罪苗头，及时发现、处置危害国家安全和社会稳定的网络犯罪。

（三）监管层面

1. 立体化。《中共中央关于全面深化改革若干重大问题的决定》指出，“加强社会治安综合治理，创新立体化社会治安防控体系，依法严密防范和惩治各类违法犯罪活动。”立体化社会治安防控体系在党的相关会议报告中被频繁提及，还被公安部门当作深化改革的重点内容，这代表着立体化社会治安防控体系在一个国家的治安体系中已经变得愈发重要，已经升级为国家治理中的一项重要内容。立体化社会治安防控体系的实质是运用多种手段和方法来整合多方力量和资源，以求能及时对各种社会治安问题进行多层次、全方位、多角度、多环节的预防及治理，在互联网防控治理中也必须坚持向立体化方向发展。

（1）构建立体化的防御网。防御网由“点”“块”“面”构成，网民实现“点”的技术防控，做好联网主机系统安全和网络安全保障措施，防范病毒、黑客攻击，确保虚拟身份不丢失、个人数据不泄露；联网单位和互联网服务提供单位实现“块”的技术防御，构建网络安全保障体系，确保网络基础设施的物理安全、通信网络安全和区域边界安全，确保网络和各种互联网接入服务、内容服务安全；政府实现“面”的互联网技术防范和监管，确保基础信息网络稳定运行，维护网络环境健康。

（2）构建立体化的巡控网。黑客攻击、网络犯罪活动一旦突破防御系统，就需要巡控网及时预测到恶意行为，及时触动警报。为此，必须建立“点”“块”“面”结合的立体、动态的网络监测系统，在网民主机、联网单位的网络、互联网服务单位的网络、城市互联网信息基础设施等进行部署，对病毒、木马网络服务攻击、网络入侵等安全隐患及网络异常情况进行日常监测，及时发现非法侵入和破坏计算机信息系统违法犯罪、事故及事件，确保网络和应用安全。同时建立网络数据异常监控体系，网络社会管理职能部门各自承担管理职责，确保及时发现行业大数据异常行为，及时控制网络犯罪的发展。

（3）构建立体化的侦查协作网。构建多部门、多警种、跨区域侦查协作网，发挥整体打击效能，形成打击网络犯罪“整体战”；在公安与其他互联网管理部门之间建立侦查协作网，充分共享行业资源，确保涉案信息得到快速核查；在公安内部建立侦查协作平台，确保网络犯罪侦查阶段多警种、跨区域警务联动；在公安部门与专业技术公司、科研院所之间建立侦查协作技术支撑平台，应对网络新技术与新应用带来的负面效应，建立网络犯罪的预警和趋势分析模型，及早发现和防控网络犯罪。

2. 社会化。互联网安全管理不只是政府和行业的事，更是全社会共同的事，需要寻求一种“共同管理”的新思路。互联网的共同管理就是让政府、个人和企业都参与解决信息社会中出现的问题。个人和企业参与管理，需要具有一定行动力和运作方式的永久性组织来协调和沟通，这样的组织是政府机构所不能代替的。据新华社报道，欧盟委员会向欧盟部长理事会和欧洲议会提交了关于确保网络安全和打击电脑犯罪的立法动议和非立法措施。有关非立法措施包括鼓励有关机构和公众增强信息安全意识，对不同的信息安全参与者进行培训等。其中一项措施是建立一个欧盟论坛，参加论坛的代表主要来自执法机构、服务提供商、网络经营商、消费者组织和信息数据保护机构，他们共同确定和探讨迫切需要解决的网络犯罪问题。此外，针对传统媒体而建立的西方媒体监督组织，也集合着一批专家、学者和大量公众对互联网的失范行为进行广泛讨论和密切监督。世界各国对互联网实施管理的措施大致可以归为三类：一是限制上网，二是依法审查，三是民间管理。限制上网的做法正逐渐被淘汰，立法管制虽然是网络管理中的一种重要方式，但不是唯一的方式，而网络的民间管理越来越受到世界各国的重视。互联网的民间管理一般从三条途径着手：一是加强业内自律并落实业务规范，二是开发并运用防范网络问题的新技术，三是发动公众讨论和监督互联网的不规范行为。民间组织接受公众对违法信息和不良信息的举报并进行处理，是国际上许多国家的通行做法，实践证明这也是加强互联网管理的一种有效手段。充分发挥民间组织的作用，既可以增强政府管理的主动性，也可以起到加强行业自律的作用。

在当前的互联网管理领域中，有一些民间团体，如互联网协会，参与协助政府加强行业自律。另外还有一些其他民间组织，如中国互联网信息中心，参与管理互联网；互联网垃圾邮件举报受理中心，向公众公布举报电话、举报邮箱和反垃圾邮件网站。这些民间组织、非政府组织和谐地在政府作为主导的前提下，管理中国的互联网，架起人民群众与党和政府之间密切联系、紧密沟通的桥梁。近年来，公共安全成为社会关注的焦点，不同类型的民间组织在公共安全危机处理中发挥了作用，逐渐引起学术界对民间组织在公共安全危机领域中的法律问题的关注。民间组织的生存和发展背景、其在公共安全危机处理中能起到的作用及为更有效发挥作用所需要的法律支持，都值得探讨，解决这些问题有助于民间组织的不断发展。2017年，一个由民间安全组织举办的“网络安全焦点峰会”云集了大部分国内民间最强的技术力量，并吸引了部分国外安全专家。会议上所提交的一些论文水平很高，一位论文提交者甚至现场利用其研究的“利用反汇编工具实现半自动化、规模化操作系统溢出漏洞挖掘”的技术，就其发现的某著名商用操作系统的一个严重安全漏洞演示了查找步骤和分析思路。按照惯例，这些漏洞将第一时间提交给操作系统厂商，以供他们进行补丁弥补，而这些漏洞一旦泄露，将给网络安全造成极大威胁。

3. 信息化。被学界誉为“大数据时代的预言家”的著名教授维克托·迈尔·舍恩伯格在《大数据时代》中大胆预测：“在不久的将来大数据会使人类的生活有巨大改变。大数据在创新发明和服务中已经占据了主导地位，很多领域的改变也正在计划之中。”他还指出，我们的日常生活习惯、思维构想等正在随着大数据而慢慢发生变化，大数据时代给人类思考方式、管理体制和日常生活习惯都带来了比之前更彻底的变革。

在网络社会治安防控中，社会治安要素在不断更新变化，单一的管理手段很难进行有效的管控，公安机关需要采取“专门管理手段+信息技术手段”的方式增强管控实效。例如，网络警察、“微”警务、网安警务室等将社区警务延伸到网络社会的做法都是公安机关在维护网络安全方面的积极探索。对于云计算、大数据、物联网、“互联网＋”等新技术、新业务，一方面要尽快制定网络安全标准，完善相关防控措施；另一方面，要将这些新的信息化技术进行吸收转化，变成公安机关可以利用的网络社会治安防控手段，提升防控的效率和科技含量。

（四）处置层面

1. 网络入侵的防控。网络入侵防不胜防，而入侵一般是以窃取或篡改某些计算机终端信息数据为目的，但也有一部分是为了满足自己的好奇心和挑战欲。侵入计算机信息系统的具体方式有假冒、技术攻击、后门、活动天窗等。网络被入侵后，入侵者一般会对被入侵计算机中的重要文件资源信息进行恶意更改、删除或偷窥、复制，或者传播计算机病毒。其行为一般会对被入侵者造成巨大的经济损失或工作障碍。如何防控网络入侵，最重要的是采用必要的技术措施。

（1）利用网络入侵检测系统（IDS）进行网络入侵检测。当前，IDS 大多采用以下几种方法来检测入侵：入侵特征表、用户特征表、专案追踪法、“签名”分析、安全漏洞值守法。上述检测方法各有优点，实践中根据个案特点互相弥补。网络入侵检测技术分为两个步骤进行：①信息收集：入侵检测的第一步是信息收集，所收集的信息内容包括系统、网络、数据及用户活动状态和行为，而且需要在网络系统中的若干不同关键点收集信息。从一个信息有可能看不出疑点，但结合几个信息综合分析，就可以识别可疑行为或入侵。当然，入侵检测很大程度上依赖于收集信息的可靠性和正确性，因此必须利用真正精确的软件来报告这些信息。②信号分析：对收集来的信息，一般通过三种技术手段进行分析：模式匹配、统计分析和完整性分析。其中，前两种是用于实时的入侵检测，而完整性分析则侧重于事后分析。模式匹配是将所收集到的信息与已知的网络入侵和系统误用模式数据库进行比较，从而发现违背安全策略的行为。统计分析方法首先给对象（用户、文件、目录、设备等）创建一个系统描述，统计正常使用时的一些测量属性（访问失败次数、延时等），然后将测量属性的平均值与网络系统的行为进行比较，只要测量值在正常值范围之外，就认为有入侵发生。完整性分析主要是关注某个文件或对象是否被更改，其包括文件的目录和属性，它在发现被更改、被木马化的应用程序方面特别有效。由此可见，入侵检测作为一种积极主动的安全防护技术，提供了对外部攻击、内部攻击和误操作的实时保护，在网络系统受到危害之前拦截和响应入侵。入侵检测还可以帮助系统对付网络攻击，扩展了系统管理员的安全管理能力，提高了信息安全基础结构的完整性。

（2）防火墙技术。防火墙是内部网与外部网之间设置的安全防范系统，被认为具有访问控制的功能，用于确定哪些内部服务允许外部访问，允许哪些外部服务访问内部服务等，它是将互联网和内部系统隔开的屏障。防火墙有两项工作原则：①一切未被允许的就是禁止的。基于该准则，防火墙应封锁所有信息流，然后对希望提供的服务逐项开放。②一切未被禁止的就是允许的。基于该准则，防火墙应转发所有信息流，然后逐项屏蔽可能有害的服务，这种功能形成了一种更为灵活的应用环境。防火墙能对网络安全起到一定的保护作用，但并不是万无一失的，其安全防护性能所依赖的因素很多，最多只能防护经过防火墙的非法访问和攻击，对不经过防火墙的攻击是无能为力的。从技术上说，绕过防火墙进入网络并非不可能。要使防火墙对网络的安全起到充分的保护作用，必须正确选用、合理配置防火墙，需要正确评估防火墙的失效状态，必须正确对防火墙进行动态保护。

（3）数据加密技术。加密是指使用现代密码学对信息进行重新组合，使得只有收发双方才能解码还原信息。在实际的网络应用中，采用的加密技术主要有两种：专用密钥和公开密钥（RSA）。专用密钥，又叫对称私密密钥。信息收发双方通过使用相同的专用密钥，对信息进行加密和解密。公开密钥，又叫不对称秘钥，是在互联网中使用最多的一种加密技术，其加密密钥和解密密钥是不相同的。利用加密技术可以解决一些环节上的安全问题，如密钥管理、权威部门的密钥分发工作、数据加密传输、密钥解读和数据存储加密等。

（4）出口控制（内容检查）。出口控制是指防止人们接触不良信息，其可以利用专用软件或集成在服务器上的过滤功能。利用过滤功能可以将明显传播不良信息的站点屏蔽掉，也可以扫描电子邮件，还可以记录每个用户的行为日志。但网络的灵活性决定了单纯的过滤机制不可能消除所有隐患。网络上站点众多，地址可以不断变化，所以，还必须有周全的人员检测。最后还需要通过立法来规定传播不良信息的非法性。

（5）身份认证。身份认证又称主体验证，其作用是阻止非法用户。现存在多种方法来鉴别一个用户的合法性，而密码是最常用的。但由于人们通常采用简单的单词短语或者数字作为密码，导致密码经常被破译。此外，还有其他认证方法，如对人体生物特征（如指纹或声纹）的识别、智能卡，TOKEN 以及数字签名等。

（6）防范工作的最重要环节在于“人”。诉诸法律来制裁网络犯罪是最后的手段。努力做好预防工作，防患于未然，才是根本解决之道。很多人认为，防范入侵只要花费大量金钱购买防范设备（如防火墙）即可高枕无忧。但其实设备只能发挥部分功能而已，防范工作最重要的环节是“人”。换句话说，这是管理层面的问题。一方面要求网络安全员时时留心系统的异常情况，另一方面也要加强内部人员的安全教育和控管。

2. 网络欺诈的防控。如果网络身份认证有办法做到同时确认传输信息的完整性、隐密性、认证性以及传送信息者身份的不可否认性，那么网络欺诈的情况应该会有所改善。但虽然目前网络技术水平在不断进步，但仍有许多相关技术需要改良。我们可以通过以下几个方法进行网络欺诈防控：

（1）积极推广应用网络付款技术。通过推广欺诈侦测系统、电子支票制度、电子签名技术、抛弃式信用卡等方式方法，有效保障用户的支付安全。

（2）消费者自我保护的方法。①了解交易对象。最好与知名度高的合法厂商做交易，对于未提供有关厂商的任何信息的电子商务网站，千万不要与其进行交易。最好在了解交易对象后，再进行交易或提供个人重要信息资料。②注意相关网站隐私权保护政策说明。要了解是谁在收集信息资料，以及这些信息资料被收集者如何使用，否则不要轻易透露个人信息资料（包括账号与密码）。所以，必须特别注意该网站是否有明确的“隐私权条款”以及对于客户资料的保护措施。③选择较为安全的付款渠道。要在收到货物后再进行付清货款。另外，用信用卡付款相对于其他付款方式更有保障，因为一旦有欺诈情形发生，发卡银行能担保消费者不必支付任何款项，而由信用卡机构代垫损失款项。

3. 网络传播淫秽信息的防控。色情网站大多是在网页上提供各种色情信息，这些信息内容包括：张贴猥亵照片、贩卖色情光盘、散播性交易信息、公开征求性伴侣等。不法色情网站的查处面临许多问题：第一，不法色情网站为逃避警方追查，纷纷将服务器移至国外，使得查缉较为困难，但因为网站所出现的皆是汉字，致使很多网络使用者认为国内色情网站不减反增。第二，由于司法制度及认定色情标准不同，在我国不合法的色情网站在其他国家可能合法。第三，国际互联网提供很多免费的个人主页空间网站，使用者只需要在线上填好资料，就可以获得一个免费的空间，但其并不审核申请者资料的真实性，从而加大了警方侦查的难度。防控网络传播淫秽信息最有效的方法是主动上网过滤违法色情网站或其他不良网站。在地区网络数据流出的出口节点处设置网络监控过滤设备，收集违法色情网站或其他不良网站的网络地址或IP，并自动制止该地区的网络使用者对这些违法色情网站的访问。对于网络使用者，要启用网络浏览器的分级审查功能。因为很多网站会根据自己的网站所提供的内容给自己加上等级限制，国外的色情网站一般会在网页上用TAC申明自己是色情网站，因此在使用者的浏览器上设置分级审查功能，就能通过浏览器去隔离有害黄色网站。此外，还可以利用文字监控技术拦截一些淫秽下流文本信息，利用该技术可以对屏幕上出现的文字进行过滤，如果遇到色情描写，就会自动屏蔽，不会出现在屏幕上。

4. 网络病毒的防控。计算机病毒并不是天然存在的，是某些人利用计算机软件、硬件所固有的脆弱性，编制的具有特殊功能的程序。它能潜伏在计算机存储介质中，当达到某种条件时就会被激活，用修改其他程序的方法将自己以精确拷贝或者演化的形式放入其他程序中，从而感染程序，破坏计算机资源。网络病毒的清除主要有以下六种形式：

（1）在安全模式或纯DOS模式下清除病毒。计算机感染病毒，绝大多数可以在正常模式下彻底清除病毒，所谓正常模式是指实模式（Real Mode），包括正常模式的 Windows 和正常模式的 Windows 下的“MS-DOS 方式”或“命令提示符”。但有些病毒使用更加隐匿和狡猾的手段，会对杀毒软件进行攻击，甚至能删除系统中的杀毒软件，针对这样的病毒，绝大多数的杀毒软件都被设计为可以在安全模式（Safe Mode）下安装、使用、执行杀毒处理，并且对于现在大多数流行的病毒，如蠕虫病毒、木马程序和网页代码病毒等都可以彻底清除。一些引导区病毒和感染可执行文件的病毒则必须在纯 DOS 模式下杀毒。原来就感染过病毒的计算机，更需要在安装反病毒软件后（升级到最新的病毒库），在安全模式或纯 DOS 模式下清除病毒。

（2）对邮件中病毒的查杀。绝大多数的防毒软件可以直接检查这些邮件中的文件是否带毒，通常邮箱可以根据用户的设置进行杀毒或删除带毒邮件，但是由于此类邮箱的复合文件结构，易出现杀毒后的邮箱依旧可检测到病毒的情况，可尝试在 Outlook Express 中选择“工具”→“选项”→“维护”→“立即清除”→“压缩”，所有脱机内容也需一并删除。

（3）对 Restore 目录下 *.cpy 文件中病毒的查杀。Restore 目录下的 *.cpy 文件是系统还原存放还原文件的目录，只有 Windows Me/XP/VISTA 操作系统上才会有这个目录。由于系统对这个目录有保护作用，这种情况下需要先取消“系统还原”功能，然后将带毒文件删除，甚至将整个目录删除。

（4）对 rar、zip、cab 等压缩文件中病毒的查杀。对于绝大多数的反病毒软件来说，查杀压缩文件中病毒的功能已经基本完善了。要清除压缩文件中的病毒，建议解压缩后清除，或者借助压缩工具软件的外挂杀毒程序对带毒的压缩文件进行杀毒。

（5）对文件中存在的病毒残留代码的查杀。比较常见的有带有 CIH 病毒、Funlove 病毒、宏病毒（包括 Word、Excel、Powerpoint 和 Wordpro 等文档中的宏病毒）和个别网页病毒的残留代码，通常防毒软件对这些带有病毒残留代码的文件报告的病毒名称后缀是 app、int，而且并不常见，如 W32/FunLove.app、W32.Funlove.int。一般情况下，这些残留的代码不会影响正常程序的运行，也不会传染，如果需要彻底清除，就要根据各个病毒的实际情况来进行，也可借助相关的清除工具及修改注册表来进行。

（6）共享目录中病毒的查杀。遇到本地共享的目录中的带毒文件不能清除的情况，通常是因为局域网中别的用户在读写这些文件，杀毒的时候表现为无法直接清除这些带毒文件中的病毒；如果是病毒在对这些目录进行写病毒操作，表现为对共享目录进行清除病毒操作后，还是不断有文件被感染或者不断生成新的病毒文件。以上这两种情况，都建议取消共享，然后针对共享目录彻底查杀病毒，恢复共享的时候，注意不要开放太高的权限，并对共享目录加设密码。对远程的共享目录（包括映射盘）查杀病毒的时候，首先要保证本地计算机的操作系统是干净的，同时对共享目录也有最高的读写权限。如果是远程计算机感染病毒，建议还是直接在远程计算机进行查杀病毒，建议在清除病毒的时侯先取消所有的本地共享，再进行杀毒操作。在平时的使用中应注意共享目录的安全性，要加设密码，非必要时不直接读取远程共享目录中的文件，建议拷贝到本地检查过病毒后再进行操作。

对互联网病毒的查杀只是事后的补救措施，互联网病毒防控应该化被动为主动，主动出击，从源头上将其控制。一方面，要对病毒做好相应的防范措施，安装正版的杀毒软件，及时更新病毒库，同时也要对计算机进行定期扫描；另一方面，执法机关要对互联网病毒传播者进行严厉的打击，依据《刑法》第 287 条、《治安管理处罚法》第 29 条、《计算机病毒防治管理办法》（公安部令第 51 号）等相应法律法规，从严从快对相应的责任人员进行打击处罚，形成震慑作用。

5. 网络诽谤侮辱的防控。与传统的传播媒体报纸、广播和电视相比较，网络的传播更加快速便利。网络盛行，信息传播速度加快，每个人公开发表言论的机会大增，随之而来的是网络诽谤侮辱的案件日渐增多。防控网络诽谤侮辱，必须多管齐下，从多方面努力。对网络诽谤犯罪的处理应坚守刑法关于诽谤罪的基本原则——告诉才处理，不能主动出击。因为网络是人们交流的媒体，言论自由是我国一贯倡导的做法。在诽谤罪的认定上要寻求最佳平衡点，严格区分罪与非罪，否则，就有可能陷入“文字狱”的桎梏。只有在严重危害社会秩序和国家利益的情形下才能作为公诉案件办理：①因侮辱、诽谤行为导致群体性事件，严重影响社会秩序的；②因侮辱、诽谤外交使节、来访的外国国家元首、政府首脑等人员，造成恶劣国际影响的；③因侮辱、诽谤行为给国家利益造成严重危害的其他情形。

同时，应加大有关网络诽谤罪的宣传力度。网警部门利用电视、广播、报刊、网络、典型案例等向大众宣传网络诽谤罪的构成、应承担的刑事责任等，教育引导广大群众合理利用互联网，不做非法的事情。特别是通过对一些典型案例的介绍，告诉广大民众在互联网上也不是无限制的自由，随意捏造事实攻击他人是违法的。出现网络诽谤案时应加强与公安、检察部门的沟通，必要时发出司法建议，避免在办理网络诽谤案件时出现“不作为”和“乱作为”现象。

要加强关于网络诽谤的立法工作。目前法律明确规定诽谤案属于告诉才处理，但公安机关是否可以介入网络诽谤，就现行法律而言，只有《刑法》第 246 条第 2 款中的“但书”提出：“但是严重危害社会秩序和国家利益的除外。”可什么是危害社会秩序和国家利益，且到了严重的程度，显然存在“仁者见仁，智者见智”的问题，争论也就不可避免。所以，网络诽谤案件的复杂性对立法提出了新的要求，立法应明确公安机关介入的情形，防止滥用《刑法》第 246 条第 2 款中的“但书”，以免对目前的网民监督产生不良影响。

（五）未来层面

随着大数据、人工智能、云计算、物联网、移动互联网的迅猛发展，其与传统行业的渗透、融合还处于探索阶段，发展还很不成熟。因此，要加强对网络新情况、新问题的实时调研，注重对策措施的针对性、可操作性。同时，我国还不具备制定一部完善统一的互联网法案的条件，仍需在执法实践中不断地积累经验，并根据我国互联网经济的发展现状，积极借鉴世界各国的优秀成果。

因此，我国网络安全立法应采取分门别类、分而治之的策略。一方面，通过专门的单行立法来及时、准确地规范各种法律问题；另一方面，随着互联网技术向传统行业领域进行渗透，相应地也需要通过修改和完善现有的法律、法规来适应传统行业领域中出现的新问题及新特点。同时，在我国的网络安全形势日趋严峻的大背景下，在基础法律体系的框架内，尽快推动针对不同行业和部门的单行立法，则是更有实质意义的网络安全管理的需要。总之，尽快制定和完善符合我国实际的网络安全基础法律体系，在最大限度地保障公民正常使用网络的前提下，有效地控制网络风险，维护网络安全，既是“互联网 +”时代规范产业发展、推动结构升级、实现战略转型的现实需要，也是依法治国战略实施的应有之义。

关于社区警务工作和网格化社会治理相结合的思考

黄振全*

摘　要：社区警务工作和网格化社会治理相结合是改革和创新社会治理机制、推进治理体系和治理能力现代化的重要探索。将社区警务工作和网格化社会治理结合的主要形式有以下四种：属地为主、条块联动，归口负责、各司其职，经营网格、收集信息，整合力量、共管共治，其主要目的是建立常态化的维稳、治安、消防隐患发现机制和查处机制。提高网格划分的合理性、工作推进的时效性、工作力度的均衡性和工作强度的长效性，需要进一步健全网格架构，细化责任分工，强化隐患整改，优化资源整合。

关键词：网格化社会治理　社区警务工作　公安工作

将社区警务工作和网格化社会治理相结合，有利于整合资源、促发联动、防控风险、精细治理，是改革和创新社会治理机制、推进治理体系和治理能力现代化的重要探索。本文结合昆山市公安局张浦派出所的有关实践，就推动社区警务工作和网格化社会治理相结合，进一步提高社会治理和平安建设水平，谈几点思考。

一、社区警务工作和网格化社会治理相结合的现实需要

随着经济的迅速发展，社会问题出现了新的变化，现行社区警务模式与日益复杂的公安工作要求存在一些不适应。

一是从经济社会发展来看，随着经济迅速发展，人民的物质文化需求日益增长，各类矛盾纠纷也日益凸显，公安工作面临着前所未有的挑战。现行公安工作中体制性、机制性问题尚未得到完全解决，新的矛盾又接踵而至，公安工作与经济社会发展不相适应、现有社区警务力量与现实斗争不相适应的矛盾依然存在，这些问题严重妨碍基层派出所工作的发展。

* 黄振全，江苏省昆山市公安局张浦派出所副所长。

二是从社会面来看，现行社区警务模式与日益复杂的公安工作环境不相适应。现在基层派出所人少事多，各类消防、治安隐患和影响稳定的违法行为普遍存在，社会单位和基层组织防控不到位，群众安全意识不强，“政府统一领导、部门依法监管、单位全面负责、公民积极参与”的警务工作格局难以形成。

三是从公安机关内部来看，现有基层社区警务力量与日益繁重的公安工作任务不相适应。各基层派出所普遍存在分工不均、分工不全、责任不明、工作数量不固定、工作质量缺乏统一要求、个人绩效难以评估等问题，因此民警个人潜能发挥不足、业务基础不够牢固、权责不够清晰，警务效能有较大提升空间。

推动社区警务工作与网格化社会治理相结合，对于优化警力资源配置结构，将有限的警力配置到维护稳定和打击预防犯罪的前线，建立灵活机动的社会治安监督管理机制，全力遏制重特大案事件的发生等有积极意义。

一是有利于促进社区警务工作权责一致。按照网格大小和维护稳定、消防、治安任务进行人员均衡分工，明确各社区民警的监管目标，形成“民警—工作—责任区”捆绑对应的监管责任体系，立足网格，建立科学、公平、公正的警务工作绩效评估体系和竞争激励机制，实现警务工作全覆盖，将警务工作融入社会综合治理中，从而实现基层派出所社区民警权责一致，最大限度地激发队伍活力和潜能。

二是有利于提高社会治安掌控能力。通过将社区民警和网格员有机结合，固定工作任务，统一工作标准和要求，建立发现隐患和查处隐患的工作机制，调动全体社区民警、广大网格员和全体治安防控参与者的工作积极性，以每个网格的安全来保证大局的安全，确保社会长治久安。在反复实践中，社区民警的业务水平和群众工作水平得到提升，组织管理能力得到增强，最终实现社区民警队伍正规化、专业化和社区警务工作规范化的目标。

三是有利于促进社区警务工作社会化。通过推行与网格化社会治理相结合的社区警务，能及时发现影响社会稳定的违法行为。通过落实网格内的社区民警和网格员的责任，一方面逐步强化治安防范、消防检查、法律知识宣传，明确各单位治安、消防隐患整改的主体责任，加大隐患整改力度；另一方面通过加大对社会单位的巡防频次，切实掌握各类隐患的整改进度，及时帮助单位制订整改计划，出谋划策，尽量缩减经费投入，争取早日整改完毕，进一步筑牢社会安全防火墙。

四是有利于提升全民安全素质。在社区警务工作中结合网格化社会综合治理开展线上和线下宣传，组织辖区单位落实维稳、治安和消防的主体责任。定期组织召开辖区重点单位、村和社区负责人会议，培训负责人治安、消防业务，督促、指导、落实各单位、村和社区的治安、消防职责；有的放矢地抓好社会矛盾纠纷排查、治安和消防隐患整改等工作，提高网格内的居民群众安全教育水平；通过社区宣传栏、板报等宣传法律法规和安全知识等内容，积极组织治安志愿者参与集中安全宣传活动；组织网格内单位员工、社区居民等就近参观安全教育基地，全面提高群众的安全意识和自防自救能力。

五是有利于提升信息主导警务水平。通过结合社区警务基础平台和网格员应用平台，对两个平台中的信息进行定期研判分析，通过对数据进行实时监测、对信息进行及时研判，把静态的信息变成动态的研判，全面掌握辖区维稳和治安、消防安全状况，及时发布安全预警信息，及早发现苗头性、倾向性涉稳问题，为科学决策提供数据支撑和服务。

二、社区警务工作和社会综合治理相结合的主要形式

社区警务工作和网格化社会治理结合，主要目的是建立常态化的维稳、治安、消防隐患发现机制和查处机制，实现“发现在早、处置在小”的目标，其主要形式有以下四种：

一是属地为主、条块联动。村和社区书记、主任一般兼任网格站长，由网格站长牵头社区民警和各网格长、网格员，全面落实涉及社会稳定、治安和消防安全的网格化检查责任，对各村各社区的辖区细分网格，采取包块形式推进排查进度，确保不漏一人一事。各网格内的社区民警定期协调指导辖区维稳、治安和消防工作开展，定期检查督导。社区民警充分发挥部门监督职能，积极协调综合执法、文广、旅游、市监、住建、安监、教育、卫生和民政等政府相关部门积极督促本行业、系统相关单位强化管理、落实制度，切实做好安全稳定工作，使大网格的安全和小网格的安全实现互相支撑、相互促进。

二是归口负责、各司其职。网格内的社区民警在公安机关和地方党委的领导下全面落实基层治安、消防监管主体责任，加强日常监督检查，查处隐患和违法行为。各级警务辅助人员协助做好所在网格的警务工作，开展治安巡查，组织实施治安防范宣传。建立完善社区指导和考核制度，出台一系列考核标准，社区民警和网格员联合开展考评，并将考评工作纳入平安建设重要指标。网格内的社区民警对入户走访中了解到的群众诉求要在规定时间内回访或解释，对在公安机关职责范围内的群众诉求要及时予以解决。对不在职责范围内或一时不能解决的问题，网格内的社区民警记录后及时逐级向网格长、派出所、网格办上报，移交相关业务部门进行处理，并跟踪督查事项办理进展，必要时协调解决。相关业务部门接到网格办的事项办理通知后，及时落实专人办理，并将办理结果书面反馈给网格办。

三是经营网格、收集信息。网格内社区民警通过日常工作与交流沟通，积极依靠网格员和村居干部、治安积极分子、治安信息员等骨干力量，全方位采集刑释人员、重点人员、人户分离、流动人口、群租房等公安基础信息和涉稳信息、违法犯

罪线索，并不断拓展信息收集和大数据运用渠道，及时将辖区黑色行业、重点阵地等信息充实到公安信息资源库中实现共享。在完善公调对接运行机制的基础上，网格内社区民警要在走访时及时发现各类矛盾纠纷，并依靠镇党委和综治办，把派出所、村居和综合执法、司法、民政、信访等部门联合起来，逐步建立网格员、网格长、派出所调解室、司法所人民调解室联合调解的四级调处机制，分类化解各类矛盾纠纷。积极争取上级支持，按标准配齐流动人口协管员，将流动人口协管员全部纳入辖区网格，每一网格至少落实 1 名网格员和 1 名流动人口协管员，实行定人、定岗、定任务、定奖惩的四定管理机制，具体负责各自网格内流动人口的登记和居住证办理工作。

四是整合力量、共管共治。要做到使社区警务和网格化社会治理真正融合，就要进一步加强警民协作，培育多元合作的治理主体，健全促发联动机制，把职能部门、企业单位、社会组织，以及保安员、快递员、保洁员、送奶工、送水工等社会力量充分整合起来，对各类重点人员、矛盾纠纷和安全隐患，开展联动化解、联手处置、联合整治，更好地分流非警务活动，更多地解放基层警力。社区民警要会同网格员进一步加强风险隐患源头化解，深入排查整治电动车夜间充电、老小区私拉乱搭电线、群租房、“三合一”民房等方面的安全隐患问题，加强消防安全管理，用好用足法律武器，提高全社会安全防范意识，确保不发生有影响的安全事故。

三、社区警务和网格化社会治理结合存在的问题

目前来看，社区警务和网格化社会治理的结合还存在一些问题。

一是网格划分的合理性有待提高。实践过程中，网格划分存在基本单元不一致的情况，各网格是基于社区和行政村所做的基础行政规划，但由于基层警力有限，无法做到一村一警或一社区一警，有的社区民警负责辖区面积较大，工作疲于应付。

二是工作推进的时效性有待提高。由于主客观方面的原因，加上每个网格的情况相差较大，很难做到步调一致。同一派出所的社区民警负责的村和社区警务工作不完全一样，工作力度和强度存在较大差别，一些辖区范围广、执法压力较大的社区警务室和辖区范围相对狭小、执法压力较小的社区警务室很难做到规范统一，这就需要根据实际情况作出统筹安排。此外，有些社区民警和网格员融合不到位，工作推进不力，工作进展缓慢，工作陷入被动的情况也时有发生。

三是工作力度的均衡性有待提高。在社区警务和网格化社会治理结合的过程中，各社区民警和网格员都加强了工作力度，也在工作模式上实现了不同程度的创新，但综观整体工作力度，地区开展不平衡、推进进度不均匀的现象依然存在。少部分社区民警和网格员只进行走马观花式的排查，只做到统计登记，而不深入开展彻底

隐患排查，或者只排查问题而不解决问题；有些社区民警和网格员对网格走一遍即止，不再进行回头看，人走后隐患依然没有消除。

四是工作强度的长效性有待提高。推行社区警务和网格化社会治理相结合的目的是实现社会稳定和消防、治安工作的零隐患，我们在排查整治完毕之后就要思考如何建立一套完善有效的长期排查整治方案，使社区警务和网格化社会治理相结合取得的成果长久保持下去。

四、社区警务和网格化社会治理相结合的有关建议

针对存在的问题，我们对完善社区警务和网格化社会治理相结合的工作提出一些建议。

一是进一步健全网格架构。发动综合执法、市场监管、质检等行业部门，联合组织、协调、指导辖区网格化工作。派出所要以村和社区的警务室为单元，建立相应的网格，发动各相关部门开展工作；以村和社区两委干部、综治干事、社区居民为骨干，发动警务辅助人员和两委干部队伍积极开展隐患排查和治安防范宣传培训工作；在每个细化的网格内组建治安志愿者队伍，定期集中开展安全自查整改和宣传服务，有效延伸警务工作触角，争取实现隐患摸排全覆盖。

二是进一步细化责任分工。发动村和社区以及各职能部门分包网格，划分各自的网格区域开展隐患排查整治。紧紧把握社会稳定、消防、治安隐患整治重点，积极推动落实各级单位治安、消防安全主体责任；推动落实社区民警和网格员的监管责任；强化单位和居民的自身防范意识，落实单位和居民的自查自纠，形成网格全覆盖的维稳、治安、消防责任体系。

三是进一步强化隐患整改。把目前辖区稳定隐患突出、消防危险性大、治安矛盾突出的地区和单位作为从严管控的对象，检查过程中不放过一处隐患，做到认真细致，高效统一。对于排查期间发现的隐患和违法行为，坚决严打重罚，顶格处理，加强执法力度。

四是进一步优化资源整合。为从根本上发挥社区警务和网格化社会治理相结合的应有功效，一方面，建立以社区民警为主体、以网格员和社区警辅为补充的网格化社区警务体系，将有限的一线警力配置到维稳、消防、治安隐患排查整改的网格之中，充分发挥现有警力、现有资源的最大作用，把维稳信息收集和预警、消防管理、治安巡逻、场所行业监管、网络监察等业务工作与社区警务工作有机结合，发挥一警多能，事半功倍的优势；另一方面，加强对社区民警的警务业务培训，同时提高网格员发现问题解决问题的能力，使各级网格员和社区民警均能熟练掌握相关工作内容，提高工作效率和责任心，从而进一步推动社区警务工作的良性发展。

试论公安队伍正规化建设的思想基础

张丽园*

摘　要： 公安队伍正规化建设的内容主要体现在公安组织机构体系、执法执勤规范体系、内务管理体系、教育训练体系和监督制约体系五个方面的正规化建设上，重点是“四统一、五规范”。公安队伍正规化建设的思想基础是“对党忠诚、服务人民、执法公正、纪律严明”。基层公安队伍建设中存在的诸多问题，源于公安队伍核心价值观教育不深入。新时期，公安队伍更要牢记习近平总书记的嘱托，把政治建警摆在首位，把“对党忠诚、服务人民、执法公正、纪律严明”作为队伍建设的灵魂，培养忠诚、为民、公正、廉洁、奋斗、奉献的核心价值观，增强职业荣誉感，形成警察意识。

关键词： 人民警察核心价值观　正规化建设　公安队伍

公安机关是人民民主专政的重要工具，是国家机器的重要组成部分。公安队伍担负着维护国家安全和社会治安秩序，惩罚犯罪、服务人民的重任。党和政府历来十分重视公安队伍建设，历届领导人都对公安队伍的正规化建设作出过重要指示。习近平总书记在2017年5月19日接见全国公安系统英雄模范立功集体表彰大会代表时强调，全国公安机关和公安队伍要坚持党对公安工作的领导，牢固树立“四个意识”，坚持人民公安为人民，全面加强正规化、专业化、职业化建设，做到对党忠诚、服务人民、执法公正、纪律严明。全国公安机关和公安队伍要旗帜鲜明讲政治，强化责任担当，忠实履行职责使命，这是新时期公安队伍建设的总方针、总要求，也是公安队伍正规化建设的思想基础。

一、公安队伍正规化建设的基本内容

公安队伍正规化建设就是根据公安机关的性质、任务、职责和工作特点，依据

*张丽园，贵州警察学院公安管理系副主任、副教授。

《中华人民共和国人民警察法》等法律法规，在公安机关的组织机构、警务运行机制、管理方式、勤务机制、教育训练、监督模式、警务保障等方面实现科学化、法制化、标准化、程序化，使公安队伍呈现指挥畅通、内务规范、工作高效、保障有力的状态。公安队伍正规化建设的目的是实现公安队伍建设各个方面和各个环节的标准化、规范化和法制化，建设一支对党忠诚、服务人民、执法公正、纪律严明的公安队伍，提高公安机关维护国家安全的能力、驾驭社会治安局势的能力、处置突发事件的能力、为经济社会发展服务的能力，使公安机关能够真正担负起巩固共产党执政地位、维护国家长治久安、保障人民安居乐业的重大政治和社会责任。

公安队伍正规化建设的内容主要体现在五个方面：一是公安组织机构体系的正规化建设，即建立保障公安队伍依法履行职责的组织机构体系。具体表现为公安机关内部领导指挥关系顺畅，政令警令畅通，内部管理体制完善，警力配置科学合理，机构设置规范统一，人员编制标准明确具体，人事管理制度健全合理。二是执法执勤规范体系的正规化建设，即建立完备的人民警察执法执勤规范体系。具体表现为牢固树立执法为民的思想，增强程序意识、证据意识、权限意识、接受监督意识，执法执勤制度完备，勤务指挥顺畅有序，勤务方式科学有效，执法做到规范、严格、公正、文明，能够体现人性化色彩，最大限度地杜绝冤假错案的发生。三是内务管理体系的正规化建设，即建立具有公安队伍特点的内务管理体系。具体表现为民警岗位设置合理，职责、权限明确，内务管理标准规范，警容警风端正，言行举止文明，外观标识统一规范。四是教育训练体系的正规化建设，即建立适应人民警察工作实战需要的职业教育训练体系。具体表现为公安部要求的人民警察“三个必训”，即民警上岗和首任必训、职务和警衔晋升必训、基层和一线民警每年实战必训制度严格落实到位，训练卓有成效，“教、学、练、战一体化”模式普遍推行，战训合一，教育训练内容紧贴公安实战需要，训练基地设施配套，训练经费、装备基本保障，受训民警各项素质能力增强，受训成效明显。五是监督制约体系的正规化建设，即建立科学有效的监督制约体系。具体表现为监督制约机制健全，内部监督形成合力，民警违法违纪现象得到有效遏制，领导责任追究制度和民警执法过错责任追究制度得到全面落实。

公安队伍正规化建设的重点是“四统一、五规范”。“四统一”：一是统一考录制度。严格坚持“凡进必考”的原则，进一步完善省级统一考录制度，省级统一招考一律实行公安机关与人事部门统一实施、公安部派人督考的制度，要明确规范考录标准、内容、程序，规范审核审批工作。省级统一招考工作要在贯彻“公开、平等、竞争、择优”原则的基础上坚持德才兼备的标准，确保招考过程中每一个环节都合格的人才进入警察队伍。二是统一训练标准。人民警察的教育训练实现标准化和规范化，严格贯彻落实《公安机关人民警察训练条令》，全面实施民警“三个必训”制度；研究确定科学合理的民警训练内容、标准；公安部、省级、地市级公安机关的培训基地要形成分工明确、相互衔接的体系；培训教材、培训计划、考核要求要统一，要将岗位练兵作为教育训练工作的基本形式，认真制定各警种岗位练兵的内容和考核标准。三是统一纪律要求。纪律是对特定人或群体具有强制性和约束力的行为规范。公安队伍是一支纪律部队，担负着维护国家安全、社会稳定、保护人民群众利益的重任，这就必然要求对公安队伍的管理要严格、规范，随着《中华人民共和国人民警察法》《公安机关人民警察内务条令》《公安机关人民警察纪律条令》、公安部“三项纪律”等法律、条令的颁布实施，对公安队伍的管理日趋严格，全体人民警察必须严守法律、条令、纪律规定。四是统一外观标识。公安机关特殊、统一的外观标识不仅意味着公安机关拥有国家法律赋予的警察权，同时也代表着公安机关的形象，更代表着国家执法机关的形象，事关国家执法机关的公信力，因此必须按照法律规定，统一规范公安机关的外观标识。

“五规范”：一是规范机构设置。组织机构是公安民警依法履职行权的平台，机构设置合理，职责明确、指挥关系顺畅是确保政令、警令畅通，充分发挥公安机关整体效能的重要保障。当前公安机关要按照有利于优化资源配置、有利于提高快速反应和社会治安管控能力、有利于提高工作效率的要求调整机构设置，整合警力资源，切实解决分工过细、职责交叉、警力分散的突出问题。二是规范职务序列。公安机关是具有武装性质的治安行政机关，不同于一般的行政机构，为保证政令、警令畅通，提高人民警察的工作效率，必须实施统一的、符合公安工作特点的职务序列，要按照法律规定的要求，规范公安机关各职级的名称、规格、数量、权限，理顺指挥关系，确保层级呈“金字塔”结构。三是规范编制管理。编制管理是公安队伍正规化建设的重要内容，在管理体制上，要坚持中央集中控制，由国务院根据全国人民警察的总量和增长比例，对公安编制实行专项管理；各地方根据经济社会发展的情况提出的增加编制的计划，由省级政府向中央申报，由中央编办征求公安部意见后审核批准下达；在管理措施上以编定员、人编统一、按编保障。四是规范执法执勤。人民警察的执法执勤活动事关法律尊严、公安机关形象，也事关党和政府的威信，所以人民警察的执法执勤活动应遵循严格、文明、公正执法的总体要求，要建立健全各警种的执法执勤工作规范，从执法办案、值班备勤等各个环节规范民警工作行为，杜绝各种乱执法的现象发生；人民警察应当坚持文明执法办案，做到警容严整、举止端庄，依法规范办案，以此树立人民警察良好的执法形象。五是规范行为举止。有效落实《公安机关人民警察内务条令》，完善规范人民警察行为的各类规定，从警察最基本的行为准则抓起，加强养成教育和日常训练，营造人人重视行为举止、仪表礼仪的良好氛围，形成公安队伍良好的职业风范和整体形象，使公安队伍成为社会主义精神文明建设的表率。

二、公安队伍正规化建设的思想基础和意义

公安队伍正规化建设的思想基础是“对党忠诚、服务人民、执法公正、纪律严明”，公安队伍建设必须按照习近平总书记对公安队伍提出的总要求来做，并形成整体思想基础，才能符合时代精神，更好地发挥公安工作的整体效能。公安机关是国家机器的组成部分，是人民民主专政的重要工具。人民警察的基本活动是执法活动，其维护的是法律尊严、国家利益和人民群众的利益。人民警察的执法行为关系到党和政府的形象，关系到公安机关的执法形象，更关系到法律在社会生活中的公信力，所以，公安队伍正规化建设必须体现上述要求。公安队伍建设的基本出发点是“改进工作作风和提高工作效率”，要严格按照“四统一、五规范”的要求，实现队伍建设的规范化、标准化。公安队伍正规化建设的突破口是搞好“基层基础建设”，公安基层基础工作是整个公安工作的根基，公安机关大部分的警力都在基层一线，因此，抓好基层基础建设是整个公安队伍正规化建设的关键，要充分利用加强基层基础建设的契机，以抓好基层基础建设带动公安队伍正规化建设的全面开展。

加强公安队伍正规化建设的意义十分重大，习近平总书记多次就公安队伍建设作出重要指示。首先，加强公安队伍正规化建设是公安机关性质和职能的要求。公安机关是人民民主专政的重要工具，是武装性质的国家治安行政力量和刑事司法力量，肩负着打击敌人、保护人民、惩治犯罪的重要使命，公安机关不同于一般行政机关，因此对公安队伍的管理就要更严格、规范。综观世界各国，无不重视警察队伍的正规化建设，根据警察的性质和职能实施警察队伍的正规化建设，是国际通行的做法。其次，加强公安队伍正规化建设是时代的需要。近年来，经济全球化、信息数据化，社会各方面都发生了前所未有的变化，公安机关面临的社会治安形势也发生了很大的变化，以往计划经济时代形成的队伍管理模式已经凸显很多弊端，跟不上时代发展的需要，因此，公安队伍建设必须与时俱进，向着更高层次发展，这样才能充分实现素质强警，最大限度地发掘应用好公安队伍的人力资源，担负起时代使命。最后，公安机关面对新形势，需要不断提升自己的执法能力建设，全面提高维护国家安全和社会稳定的能力，这就必然要提高公安队伍正规化建设的水平，通过抓队伍建设来促进执法执政能力的提升。

三、坚持政治建警，加强人民警察核心价值观教育；坚持从严治警，以有效的措施和手段打造一支忠诚为民、公正廉洁的队伍

2013 年，党的十八大首次明确了社会主义核心价值观，成为我国社会主义建设

事业的精神引领，凝聚了广大人民群众的信心和力量。公安机关是人民民主专政机关，人民警察是具有武装性质的维护国家安全和社会治安秩序的专门力量，其职责任务的神圣性、特殊性，决定了这支队伍必须保持高度的思想意识领域的纯洁性，才能成为党和人民的坚强柱石。新时期，在唱响时代主旋律，弘扬社会主义核心价值观的背景下，公安队伍更要牢记习近平总书记的嘱托，把政治建警摆在首位，把“对党忠诚、服务人民、执法公正、纪律严明”作为队伍建设的灵魂，培养忠诚、为民、公正、廉洁、奋斗、奉献的核心价值观，增强职业荣誉感，形成警察意识。

然而，由于公安队伍核心价值观教育不深入，一些警察未真正形成忠诚、为民、尽职履责的理念。例如，笔者对贵州省毕节市某县公安局进行一系列调研后发现，虽然 2017 年 2 月，该县公安局印发了《×× 县公安局队伍管理规定（试行）》，从思想政治建设、内部考勤管理、年度考核规定、内务管理要求、从优待警措施等方面制定了队伍建设的各项规定、措施，但实际贯彻落实上执行力不足，队伍建设的实际效果也不明显。到 2017 年 7 月底，该县的刑事案件发案率是毕节市 8 个区县中唯一一个呈上升态势的，上升比例为 8.9%。该县公安局很多民警不能爱岗敬业、履职尽责，办案不规范，拖延推诿现象严重；县公安局法制部门虽然有对案件实行五级审核把关的相关规定，即承办单位法制员审核、承办单位领导审核、法制科民警审核、法制科领导审核、县公安局分管领导审核，但因为有些案件案情复杂、规范取证困难、办案时限紧迫、民警个人承办案件数太多等，在层层审核中，尽管审核人有时会发现证据不够准确、不充分，笔录不规范等问题，但往往“睁一只眼闭一只眼”，让审核流于形式，导致所办案件被检察院退侦的比率高达 67%。有的办案民警还不熟悉《公安机关办理刑事案件程序规定》，办案过程中多次向检察官询问有关办案程序问题；更有甚者，对案件证据链不熟悉，取证时不排除相互矛盾的证据，全部送到检察院，导致该案件退侦。该县公安局窗口单位的民警服务意识也较差，老百姓觉得办事难；一线民警有时擅自离岗，让协警顶班。此外，诸如民警上班不着装、上班不到岗、无故缺席会议、执行考勤制度不严格、公车私用等现象近年来在该县公安局时有发生，共有 20 余名民警因违纪受到不同处罚。

上述这些现象，从表面上看是当事民警个人的问题，从根源上看则是公安队伍思想政治建设方面的突出问题。例如，从 2017 年 2 月实施的《×× 县公安局队伍管理规定（试行）》中的内容来看，其中从“第四条至第七条”都是关于队伍思想政治教育的规定，包括集中政治学习、个人自学、重温誓词、开展红色教育及警示教育等，但对于这些思想政治教育能取得什么样的实际效果，或者已取得了哪些实际成效，我们在调研中并未感受、了解到，反而还发现了许多问题，这说明该县公安局的队伍管理规定大多还停留在纸面上。管理者在思想上不能真正重视队伍建设，不能形成强大的执行力，队伍建设规定就难免变成一纸空文。

因此，在公安队伍建设中，必须从整体上培养每一名民警忠诚、为民、公正、廉洁、奋斗、奉献的人民警察核心价值观，从文件规定到实际落实，都要形成一整套科学的、可操作性强的管理制度、办法，局领导班子带头，明确分工，落实责任，细化队伍管理奖惩措施，把人民警察核心价值观中的每一个观念都内化于心、外化于行，用民警的具体工作表现、工作业绩来对照这些要求，并广泛听取群众对公安工作的评价，把这些评价中的合理化意见、建议纳入队伍管理的具体办法中来，让每一名民警的个人行为和公安机关的整体声誉、形象紧紧捆绑，这样才能让每一名民警牢记我们这支队伍的宗旨，筑牢忠诚为民、公正执法的思想基础，强化政治意识、大局意识，自觉践行人民警察核心价值观，维护公安机关的执法声誉和形象，真正打造一支忠诚为民、公正廉洁的公安队伍。

侦查人员需要具备逻辑素养

徐耀中 *

摘　要：侦查逻辑学把形式逻辑学的原理具体地应用到侦查工作中，紧紧联系侦查工作实际。侦查人员学习侦查逻辑学，具备侦查逻辑素养，有助于提高侦查人员的思维能力，准确地认识侦查对象，准确、严密地表达思想和论证思想，还有助于侦查人员识别谬误和反驳诡辩。学习侦查逻辑学需理论联系实际，循序渐进，持之以恒，还要适当阅读有关形式逻辑学、侦查学的辅助读物。

关键词：逻辑素养　侦查逻辑学　侦查人员

侦查逻辑学研究的各个方面，都不能逾越形式逻辑研究对象的范围。侦查逻辑学是一门应用性质的逻辑学科，其把形式逻辑学的原理具体地应用到侦查工作中。所以，尽管侦查逻辑学研究的对象也是逻辑形式、逻辑规则、逻辑规律和逻辑方法，但其在研究这四个方面时紧紧地联系侦查学和侦查工作实际。这体现了侦查逻辑学作为一种应用逻辑学科的特殊性，也是侦查人员需要学习侦查逻辑学、具备侦查逻辑素养的重要原因。

一、侦查逻辑学的性质和意义

形式逻辑学的研究对象，决定了形式逻辑具有的第一个性质是工具性。人们进行思维活动，必须运用共同的逻辑形式和逻辑方法，遵守共同的逻辑规则和逻辑规律。若不运用这些形式方法，不遵守这些规则、规律，思维内容也就无法存在，思维活动就不能正常进行。形式逻辑也正是从这些方面为人们提供认识事物、表达思想时要运用的逻辑工具。任何一门科学都要运用形式逻辑，因为从思维形式上讲，科学都是由一个个概念、一个个判断、一个个推理组成的。侦查工作也是如此，不管是侦查活动的全过程还是侦查活动的某个片段、某个环节，也都是由一个个概念、一个个判断、一个个推理组成的。

* 徐耀中，苏州市逻辑学会原秘书长。

逻辑形式、逻辑方法、逻辑规则、逻辑规律对全人类来说是共同的，因此，形式逻辑是所有人在认识事物、表达思想时都可以运用的一种必要的逻辑工具。侦查逻辑学作为形式逻辑的一个分支学科，也具有工具性。形式逻辑不研究思维的内容，不判断内容是否正确反映客观实际，只研究判断的结构是否合乎规则。这并不意味着思维内容不重要，事实上，思维内容的真实性总是以思维形式的正确性为必要条件。人们在生活或工作中的每一个判断，都有可能影响思维内容的真实性，因此，形式逻辑学的研究正是为了使人们具有正确的思维形式结构，使思维形式与思维内容很好地结合起来，以正确地反映客观实际。

侦查人员肩负打击犯罪、保护人民、维护治安的重任，他们在侦查工作中形成的概念是否正确，所作的判断是否恰当，进行的推理是否符合规则，至关重要。虽然有些侦查人员没有学过侦查逻辑学，也照样工作在侦查岗位上，有的甚至干得相当出色，这是由于他们在长期的思维活动中已经熟悉了思维形式的结构及其规律，但并没有完全掌握，所以思维形式的正确性没有保障。学习过侦查逻辑学的人，可以用逻辑学的原理检验和指导自己的思维，这样，思维形式的正确性才能有所保障。

（一）侦查逻辑学有助于提高侦查人员的思维能力

人的思维能力是在长期的、大量的思维活动中提高的。人们的思维活动在促进思维能力的提高上存在着差异性。自觉遵守思维形式结构规律开展的思维活动，尤其是比较复杂的思维活动，更有利于思维能力的提高。侦查逻辑学以帮助侦查人员认识思维形式的结构、掌握思维形式结构的规律为己任。侦查人员学习侦查逻辑学，自觉地以思维形式结构的规律来指导自己的思维活动，加强思维训练，尤其是加强复杂的思维训练，对于提升思维的质量，提高侦查工作能力，具有十分重要的意义。

（二）侦查逻辑学有助于侦查人员准确地认识侦查对象

从思维形式来说，侦查人员的所有侦查活动都是对侦查对象形成概念、组成判断、进行推理的认识活动。对同一个侦查对象，不同的侦查人员会形成不同的概念。是什么原因造成认识差异、哪种认识才是正确的，这些都可以从客观实践和思维形式上进行研究，即研究概念是否反映了思维对象的特有属性，研究概念的内涵是否明确，概念的外延是否明确，从而来评判谁的认识、概念正确。

1937年日本发动全面侵华战争后，许多地方的大街小巷都出现了“仁丹”广告：画面上有一个呆板的旧式军人半身像，军人戴一顶石拱桥式帽子，嘴边两撇小胡子；胸前写着两个大字“仁丹”。国民党特工在一开始对这一客观现象形成的概念的认识是“推销仁丹的商业性广告”，但这并未反映出该广告的特有属性，其实，这是“以仁丹广告为幌子的日本侵略者的路标”。日本侵略者对街道不熟悉，就利用仁丹广告作秘密路标。两撇胡子若微微向上翘，就是此路通行无阻；若左边胡子下垂，则示意左转弯不通，应右转弯；反之亦然；如胡子两边都下垂，则此路不通。如果掌握了侦查逻辑学中概念方面的知识，认识到概念是思维对象特有属性的反映，就可以从内涵和外延两个方面来明确。这样，就能促进侦查人员从细微的差异中综合概括出特有属性，进一步从实践中有规则地正确认识所接触到的客观事物。

（三）侦查逻辑学有助于侦查人员准确、严密地表达思想和论证思想

侦查人员与他人交流信息、讨论问题，不管是口头还是书面，都要准确，观点或结论要有论证性。这种准确和论证性属于概念、判断、推理的问题。所以，侦查工作中的交流信息、讨论问题，属于侦查逻辑学的领域。学习和掌握侦查逻辑学的基本原理，能够帮助侦查人员应用适当的逻辑形式，准确、严密地表达和论证思想，达到概念明确，判断恰当，推理有逻辑性，促使说话、写文章中心明确，条理清楚，结构严密，有说服力。只有这样，侦查人员才能更有效地交流信息、讨论问题。

（四）侦查逻辑学有助于侦查人员识别谬误和反驳诡辩

侦查逻辑学是用形式逻辑的原理研究侦查工作涉及的思维形式的结构及其规律。谬误和诡辩既有思想内容方面的错误，同时也有思维形式方面的错误。例如，我们分析案情，有时会遇到内容不同但形式雷同的说法：罪犯要有较隐蔽的作案地点—某人去过较隐蔽的作案地点—所以某人是罪犯。这种说法的大小前提都是正确的，结论却不是必然的。面对这类问题，要首先从逻辑形式上认识其谬误。侦查逻辑学中，这违反了三段论推理的规则，犯了中项两次不周延的错误，所以不能从前提中推出必然的结论。

二、学习侦查逻辑学的正确方法

侦查逻辑学是用形式逻辑的原理研究侦查工作领域的思维问题。由于形式逻辑知识还不普及，第一次接触侦查逻辑学会感到陌生、抽象、术语多、枯燥等，担心这门学科难学。其实，侦查逻辑学与侦查人员的工作、学习、思想是紧密结合的，侦查人员在平时工作中总能接触到，只是缺乏注意和研究。学习侦查逻辑学要坚持正确的方法。

（一）理论联系实际

侦查逻辑学与其他学科一样，从实践中来，又能指导实践。侦查工作中涉及的思维活动，可以抽象概括成理论；理论又可以反过来指导侦查人员进行正确的思维活动。因此，不论是从正确理解侦查逻辑学知识的角度来看，还是从实践中运用这种知识并把知识转化成技能、技巧的角度来看，都必须坚持理论联系实际。

理论联系实际学习侦查逻辑学，具体途径是多方面的。学习各种思维形式和术语时，应该结合具体的语言来进行。因为语言是思维的表达形式，思维是语言的思想内容。要研究思维形式，就必须结合语言形式。离开了语言来抓思维是困难的。

在实际工作、学习、生活中，充斥着逻辑学的正反原理。学习侦查逻辑学，能用工作和生活中的丰富经验来印证、联系、理解逻辑原理，运用已有的、熟悉的知识来吸收和巩固新的、陌生的知识，把工作、学习、生活等具体实践上升到理论高度来认识，学以致用，学用结合，不仅在学习成效上会事半功倍，而且理论知识运用的能力也会大大提高。

（二）循序渐进，持之以恒

侦查逻辑学的科学性和系统性都很强，内容前后连贯，衔接紧密。推理是由判断组成的，对判断的知识不掌握，就无法学习推理；判断又是由概念组成的，概念的知识未掌握，也必然无法准确判断。所以，学习时必须边学习，边巩固。若不按部就班地、扎实地学，继续接受新知识就很困难。循序渐进学习的具体做法：一是加强预习，预习能使人在学习过程中抓住重点，消化难点。二是认真摘记，摘记的重点应放在具体例子及分析方面。三是仔细复习，学习侦查逻辑学若不重视复习，往往会一学就懂，一过就忘，一用就错。四是消化吸收，认真练习。掌握重点，攻克难点，边学边练，循序渐进，持之以恒，定能学好侦查逻辑学这门学科。

（三）阅读有关形式逻辑、侦查学的辅助读物

侦查逻辑学是应用逻辑，是用形式逻辑的原理研究侦查工作涉及的思维问题，归根结底离不开形式逻辑。形式逻辑具有普遍意义，是应用逻辑学的基础。学习侦查逻辑学，要适当阅读有关形式逻辑的读物，从更高的层次学习和掌握逻辑原理；也要阅读一些有关侦查学的读物，不仅可以帮助消化、巩固学到的侦查逻辑学知识，而且可以开拓知识面，提高运用侦查逻辑学的能力。

加强公安文化建设　培育现代警察精神

陶曙军 *

摘　要： 治安形势日趋复杂，公安机关承担的任务不断增加，民警压力日益增大，迫切需要加强公安队伍文化建设，培育现代警察精神。加强公安文化建设，培育现代警察精神，要充分吸收本民族优秀传统文化，并借鉴吸收国外先进警务理念；要主动正面教育引导，并健全队伍管理规范以提供制度保证；要积极奖励先进，树立正确价值取向，严格惩罚违法违规行为，及时纠偏扶正。加强公安文化建设，培育现代警察精神，各级领导干部要以身作则，充分发挥示范带头作用。

关键词： 公安文化建设　现代警察精神　公安队伍

公安机关是国家重要的刑事司法和治安行政执法力量，公安文化是法治文化的重要组成部分。公安文化作为一种软实力，是公安队伍建设的重要内容，是不断提高公安队伍凝聚力、战斗力的重要保障。公安机关作为时刻在执法、天天在战斗的纪律部队，工作职责艰巨、工作任务繁重、工作压力巨大，公安民警需要有较强的文化素养，需要时刻保持一种良好的精神状态，需要有健康向上的精神（文化）家园。可以说，公安机关文化建设状况，不仅关系到公安民警的精神状态，关乎整个公安队伍的社会形象，而且还影响着公安机关工作效率和社会治安管理水平。因此，在社会文化日益多元、社会治安形势日趋复杂、公安工作压力不断增大的背景下，加快培育现代公安文化意识，塑造现代警察精神，不断提升公安机关执法能力，有效提高队伍向心力和凝聚力，显得极为必要和迫切。

一、加强公安文化建设，培育现代警察精神需要充分吸收本民族优秀传统文化

民族优秀传统文化一直是政治文明、社会进步的支撑和保障，是民族生存和发展的精神支柱和文化根基。我国五千多年的社会发展历史是传统文化不断发展的历史，也是社会政治不断走向文明的历史。文明发展具有连续性，政治文明离不开民

* 陶曙军，贵州警察学院汉语言文学副教授。

族优秀传统文化的支撑。习近平总书记强调："中华优秀传统文化是中华民族的'根'和'魂'""对中华传统文化进行创造性转化和创新性发展，是我们正确对待中华传统文化的总开关""对那些至今仍有借鉴价值的内涵和陈旧的表现形式加以改造，赋予其新的时代内涵和现代表达形式，激活其生命力""对中华优秀传统文化的内涵加以补充、拓展、完善，增强其影响力和感召力"。对公安机关而言，加强文化建设，塑造现代警察精神，同样需要吸收传统优秀文化的积极因素。只有把公安文化之树植根于民族优秀传统文化的肥沃土壤，公安文化才能真正生根发芽、茁壮成长。

我国传统文化中的儒家思想，虽然难免含有集权专制、愚忠愚孝、男尊女卑等糟粕内容，但其包含的"仁义""忠诚""诚信"等理念，是我国传统文化的精髓内容之一，是我国重要的文化财富，也必然是现代社会应该坚守的价值标准。《管子·霸言》中说道，"夫霸王之所始也，以人为本。本理则国固，本乱则国危。"较早地提出了"以人为本"的思想理念。广大公安民警要汲取传统文化中的民本、民生等理念，真正把关注民生、重视民生、保障民生、改善民生作为公安工作的根本出发点和落脚点，真正把民生理念落实到每一名民警的思想和行动中去，真正把民生理念融入警察精神的内涵，落实到每一个执法环节中去，落实到每一项公安工作中去，实现好、维护好、发展好最广大人民的根本利益，为维护社会和谐稳定、促进经济社会发展做出新贡献。

二、加强公安文化建设，培育现代警察精神，需要借鉴吸收国外先进警务理念

"他山之石，可以攻玉。"鉴于人类文明的相通性，我们应该以批判的眼光，以开放、包容的心态，将西方的一些先进警务理念和执法理念加以借鉴和吸收，力求真正做到"外为中用"。在世界近代史上，西方政治文明发展过程中一直带有强烈的殖民色彩，但是，客观地评价，目前西方国家的某些政治理念，特别是一些司法制度、执法规则、警务理念等仍然走在我们前面，仍然处在比较先进的地位。

在培育和弘扬现代警察精神的过程中，要批判性地借鉴和吸收西方的分权制衡、社会法治、公平效益、维护人权、公平正义、社会人等政治理念，学习借鉴西方国家警察的"法律至上""程序至上""尊重当事人合法权益""慎用武力""权力制约"等执法原则，如美国普遍遵循的"米兰达警告""排除法则""疑罪从无"等执法原则，并将这些原则所含的"人权""正义""公平"等执法理念与我国的社会现实、政治实际和公安工作相结合，不断丰富我国现代警察精神的内涵，不断推动我们启发新思路、开拓新思维，进一步改善公安机关工作作风和推进效能建设，使公安机关更好地维护社会的公平和正义。

三、加强公安文化建设，培育现代警察精神，需要主动正面教育引导

正面的教育宣传，成功经验的总结推广，先进典型的树立，从来都是凝聚民心、增强战斗力的有力武器。思想政治教育一直是我党的工作优势，在当今社会形势日益复杂的情况下，为加强公安机关作风效能建设，打造一支忠诚、高效的公安队伍，我们更要把这一优良传统继续发扬光大。一是要选树典型强化引导。榜样的力量是无穷的。在推进警务改革、建立现代警务机制的过程中，各级公安机关要积极探索新时期公安思想政治工作的新途径、新方法，及时发现树立先进典型，大力开展各种形式多样的教育引导活动，引导民警树立正确的世界观、人生观和价值观。二是组织开展各种形式的教育活动。经常组织广大民警开展政治理论学习，提高民警政治思想水平；经常性开展反腐防变教育，使广大民警警钟长鸣；强化职业道德、职业纪律教育，坚持以德育警，使广大民警树立高尚的职业道德情操和良好的职业纪律风范；积极组织开展各类警营文化活动，营造健康、积极向上的文化氛围；关爱民警、从优待警，培育现代警察的职业精神和专业素养，从而在队伍中形成“人人向上、人人思进”的良好氛围。三是要加强社会舆论引导。随着社会经济和科学技术的不断发展进步，报纸、电视、电影以及网络等新闻媒体对社会舆论、价值规范的导向作用越显突出。要进一步培育和弘扬公安民警“热爱祖国、忠于人民，恪尽职守、廉洁奉公，求真务实、开拓创新，顾全大局、团结协作”精神内涵，践行习近平总书记在会见全国公安系统英雄模范立功集体表彰大会上提出的“对党忠诚、服务人民、执法公正、纪律严明”的十六字总要求，牢牢把握新闻媒体这一舆论主阵地，按照党中央提出的“以正确的舆论引导人，以高尚的精神塑造人，以优秀的作品鼓舞人”原则，时刻保持清醒头脑，在事关政治方向和根本原则问题上旗帜鲜明、立场坚定，牢牢把握社会主流，积极主动地引导社会舆论。通过切实加强正面宣传引导，力争在全社会营造一种健康向上、积极进取、奋发有为的良好氛围，为培育和弘扬现代警察精神创造良好的舆论环境。

四、加强公安文化建设，培育现代警察精神，需要健全队伍管理规范，提供制度保证

制度规范是一种价值标准和精神内涵的体现，是对一种精神实质的具体和充实。规章制度是一种行为规范和行动指南，通过健全完善行政机关的制度规范，可以将现代警察精神所体现的价值评判标准细化、实化、具体化，使精神真正得到贯彻落实。一是明确行为规范。通过健全工作规章和勤务规范，可以将政治忠诚、奉献精神、

团结协作等精神内涵落实到具体要求，潜移默化地影响广大公安民警的思想意识和道德观念，培养其公正廉洁、团结奋进的良好作风。二是明确职责范围。就如西方法学家所认为的，“制度是最好的防腐剂”。通过细化现代警察精神内涵，对民警职务行为和勤务行为进行约束规范，使每个公安民警都明确该做什么、不该做什么、该做的事情怎么做。切实解决好不作为和乱作为的问题；使每个岗位、每个细节的责任要求与操作程序更加明确，使广大民警无法违规、违纪、违法，从而营造健康和谐的工作氛围。这样既有利于弘扬现代警察精神，又有利于推进现代警察精神内涵的不断发展。三是完善考核奖惩制度。要制定公平、合理、科学、规范的考核奖惩办法，创造公平、公开、公正的工作竞争环境，杜绝“黑箱操作”等不合理现象，激发广大民警工作的积极性和主动性，使他们树立健康的价值观、人生观和世界观，有利于培养他们“顾全大局、团结协作”的团队意识。

五、加强公安文化建设，培育现代警察精神，需要积极奖励先进，树立正确价值取向

要发挥考核奖惩制度的杠杆和导向作用，公平兑现奖励。只有按照事先设定的规则，不断健全绩效考核机制，强化监督检查力度，加强对公安民警工作过程与结果的考核，及时公平、公正地兑现奖励，及时倒查问责，才能形成一级抓一级，层层抓落实，一级对一级负责，人人都尽职尽责的良好氛围。公平兑现奖励的意义主要表现为：一是有利于强化精神。从心理学角度讲，对先进典型的精神激励和物质奖励，是对弘扬先进精神的一种正强化，可以促使当事民警和旁观者出于趋利本能，强化其内在价值评判标准。二是有利于正确引导。奖励的实质是对一种精神的肯定和价值认同。旁观者通过观察奖励评判来反思自身不足，从而强化了对被奖励人的行为认同，使其自觉模仿先进的行为模式，养成良好的工作作风。三是有利于营造氛围。积极奖励先进，可以营造一种积极向上、健康活泼、赶超先进的工作氛围，使队伍步入良性竞争，逐步使忠诚、廉洁、创新、团结的精神得到真正贯彻落实和进一步深化。需要特别说明的是，奖励措施“强化引导功能”的实现，必须以公平、公正为前提，要坚决避免“黑箱操作”和考评不公，只有这样才能发挥价值导向作用，否则，就会适得其反，严重削弱人们对现代警察精神内涵的认同感。

六、加强公安文化建设，培育现代警察精神，需要严格惩罚违法违规行为，及时纠偏扶正

既要坚持从优待警，也要坚持从严治警。从本质上讲，惩罚是一种否定性评价。对社会成员而言，对违法违规行为的严厉惩罚既是一种负强化，又是一种负面刺激。

一是有利于及时纠偏。及时对违反管理规则、违背现代警察精神的行为进行惩罚，制止不符合警察精神内涵的行为方式，可以及时帮助当事人认清错误，改造思想，帮助其树立正确的工作理念。二是发挥警示警醒作用。出于趋利避害的本能，当事人以后会做出理性的判断选择，以及符合警察精神的行为；通过社会否定性评价，可以强化社会成员对社会价值标准的认同，及时清除和淡化错误的思想观念。三是有利于强化制度的权威性。如果违法违规行为得不到及时惩罚，那么规章制度的权威性就会受到挑战，其影响力就会不断得到削弱，制度的价值导向功能也将难以实现。通过对违法违规行为进行惩罚，给违法违规者以强烈的心理冲击，进一步直接强化了制度权威，同时这也是对制度所体现的警察精神内涵的强化。我们应该看到，惩罚措施也具有一定的消极作用，若处理不好，就会影响队伍工作士气，产生消极后果。因此，追究责任落实惩罚措施要坚持三个原则。一是慎重原则，即慎重使用惩罚措施。我们可以多用激励奖励措施，强化正面主动引导。而惩罚措施则要慎重使用，因为过多的惩罚措施会削弱士气，不利于发挥公安队伍的主动性和积极性。惩罚是不得已的第二选择。二是及时原则，即惩罚要及时。只有在违法违规行为发生后的最短时间内追究相关人员责任，才能发挥更大的警示和惩戒作用，若时间过长，当事人已经改过，惩罚就失去了意义。三是得当原则，即惩罚强度要得当。追究责任、严格惩罚的目的是警示，减少和避免日后发生类似行为，强化规范制度权威。如果惩罚措施过轻，就难以起到威慑作用；如果惩罚措施过重，就会产生抵触情绪，也会削弱警察精神所要体现的权威性和公正性。

七、加强公安文化建设，培育现代警察精神，需要各级领导干部以身作则，充分发挥示范带头作用

“其身正，不令而行；其身不正，虽令不从。”领导干部本身就是一种价值风向标，领导者的个人行为将对下属产生巨大影响。俗话说，“上梁不正下梁歪”，如果领导不能以身作则，不能严格要求自己，那么单位中也很难形成严格按章办事的良好氛围，难以推动现代警察精神得到真正贯彻落实。身教大于言传，“桃李不言，下自成蹊”。领导干部一定要负起应有的责任和义务，以踏实的工作作风、严明的纪律观念、不懈的进取精神和团结协作的工作理念，带动整个公安队伍精神风貌的进一步改善。

文化作为一种软实力，是公安机关战斗力生成的重要因素，对于凝聚警心、激励斗志、陶冶情操、展示形象，推动公安工作和队伍建设发挥着不可替代的独特作用。只有高度重视公安文化建设，坚持文化育警、文化强警，培育人民警察核心价值观，才能不断提高公安队伍士气；只有深入研究队伍的思想现状和民警的实际需求，积

极探索调动民警积极性的新路子、新手段，才能提高公安队伍凝聚力和战斗力；只有坚持抓好民警的忠诚教育、执法为民教育、职业道德教育，引导树立正确的世界观、人生观、价值观，着力培育现代警察精神，才能不断提高公安机关的执法水平，从而更好地服务于构建和谐社会的大局，维护社会治安稳定。

公安智库服务新时代公安工作大有作为

殷建国*

摘 要： 江苏警官学院按照公安部、江苏省公安厅的部署要求，，抢抓发展机遇，稳步搭建高端平台，在全国率先开展公安智库建设。智库成立以来，加强创新研究，提升建言献策水平，积极充当现代警务改革“思想库”；积极开展学术交流，扩大智库对外影响，在引领警务变革创新方面产生了积极的社会效应。学院将秉持创新驱动理念，探索更加符合公安智库建设规律的体制机制，不断推动部、省级智库向高端迈进。

关键词： 公安智库　公安工作　江苏警官学院

党的十八大以来，党中央高度重视新型智库建设，强调要从推动科学决策、民主决策，推进国家治理体系和治理能力现代化，增强国家软实力的战略高度，把中国特色新型智库建设作为一项重大而紧迫的任务切实抓好。党的十九大报告明确提出：“加快构建中国特色哲学社会科学，加强中国特色新型智库建设”。深入学习贯彻党的十九大精神，奋力开创新时代公安工作新局面，建设并发挥好新型公安智库的作用，具有重大意义。本文结合公安部现代警务改革研究所的建设发展情况，与大家交流我们的初步实践和粗浅体会。

一、抢抓发展机遇，稳步搭建高端平台

近年来，江苏警官学院按照公安部、江苏省公安厅的部署要求，制定实施《建设全国优秀公安智库推进计划》，在全国率先开展公安智库建设，以做强实体性研究机构和搭建高端智库平台为突破口，以服务领导决策和公安实战为鲜明导向，加快推进学院科研转型升级。2010 年 7 月，江苏省公安厅批准依托学院设立江苏现代警务研究中心。这是全国第一个以现代警务改革与发展为主要研究领域的实体性综

* 殷建国，公安部现代警务改革研究所执行所长。

合研究机构，被江苏省教育厅确立为江苏高校哲学社会科学重点研究基地。2014 年 3 月，江苏警官学院作为核心成员单位参与组建的江苏省社会公共安全科技协同创新中心经江苏省政府批准成立，并在江苏现代警务研究中心设立理论与战略研究部。2015 年 9 月，经公安部政治部组织申报遴选，公安部批准依托江苏警官学院设立公安部现代警务改革研究所，成为公安部首批建设的两个部级智库之一。2016 年 7 月，由江苏省公安厅、综治办、维稳办参与共建，依托江苏警官学院设立的江苏省公共安全研究院被江苏省委宣传部确定为江苏省重点培育智库。江苏省公安厅批复同意，将公安部现代警务改革研究所与江苏现代警务研究中心合署运作，部研究所下设项目研究部、学术交流部、成果转化部 3 个副处级机构。2017 年 7 月，智库申报的“江苏创建平安中国示范区研究”团队被江苏省教育厅确定为江苏高校哲学社会科学优秀创新团队培育点。目前，在全国公安院校和江苏省属高校中唯有江苏警官学院同时拥有部、省级智库，并成功入选首批中国智库索引（CTTI）来源智库。学院搭建的 5 个公安智库高端创新平台，已形成了“五位一体”集成运作、与公安实战部门密切合作、与社会高校和科研机构协同创新的新型公安智库建设发展格局，赢得了智库研究引领公安工作改革创新的领先发展优势。

二、加强创新研究，提升建言献策水平

智库的核心使命是提供高水准的研究成果、咨政建言、献计献策、服务发展。江苏警官学院智库成立以来，积极充当现代警务改革“思想库”，在开展创新研究、服务公安决策方面做了大量工作。智库加强与公安机关的研究合作，先后组织并承担了省部级科研项目 20 多项、中央综治办重要调研课题 2 项、住房和城乡建设部重点调研课题 1 项、江苏省公共安全科技协同创新中心项目 3 项、江苏高校哲学社会科学重点研究基地重大招标项目 4 项、厅级科研项目 80 多项，取得了一大批具有推广价值的重要成果，其中，10 多项决策咨询报告成果被省部领导批示肯定或被采用，30 多项研究成果被江苏省公安机关采纳或推广应用，获得省部级、厅级科研成果奖励 40 多项。其中，关于规范公安机关警务辅助人员管理的研究报告被公安部采纳，为国务院制定出台《关于规范公安机关警务辅助人员管理工作的意见》提供了重要政策建议；关于公安机关民警职业生涯规划管理的研究报告被公安部和江苏省公安厅采纳，在江苏全省公安机关进行推广；关于社区单元警务改革的研究报告被评为江苏省公安工作创新奖。2016 年下半年以来，智库重要研究成果以《智库专报》的形式报送公安部和江苏省委省政府领导参阅，现已报送 20 期，有 8 篇决策咨询报告被公安部《公安调研》《国际合作工作简报》刊用，4 篇被江苏省委宣传部《智库专报》刊用，其中有 2 篇得到公安部副部长李伟等部领导的批示肯定。一批重要研究成果

相继被《法制日报》《人民公安报》《新华日报》等报刊发表。智库现已编辑出版《现代警务研究》学术丛书10卷，这套丛书集中展示了警务理论与实践研究的最新成果，为各地公安机关开展理论研讨、交流创新经验提供了丰富的文献资料。智库从2016年开始每年编辑出版《国外警务智库研究年度报告》《江苏省公共安全年度报告》两个年度报告。

三、开展学术交流，扩大智库对外影响

近年来，智库致力于搭建凝聚各方智慧为公安工作献计献策的高端论坛，先后举办江苏警务发展论坛、中国现代警务改革论坛等10次全国性和国际性研讨会。这些研讨活动都引起了国内外警界学界的广泛关注，在引领警务变革创新方面产生了积极的社会效应。2016年12月举办的首届中国现代警务改革论坛，围绕“国家治理现代化与法治公安建设”这一主题展开深入研讨，邀请国内相关领域的专家学者与全国20多个省市区公安厅局法制总队和相关警种部门负责人参加论坛，收到论文、研究报告200余篇，汇集了法治公安建设的最新丰硕成果。2017年12月11日至13日，由公安部主办的第三届连云港论坛在江苏连云港举行，我们与连云港论坛秘书处、蓝迪国际智库共同主办了第三届连云港论坛·智库分论坛，来自27个国家的执法安全部门高级官员，国际刑警组织、上海合作组织负责人，中方相关领域的知名专家学者，全国公安本科院校校长，以及企业界代表共120余人齐聚一堂，以“携手共建执法安全命运共同体”为主题开展深入研讨，并发起成立连云港论坛智库的倡议，得到了公安部领导及与会中外嘉宾的广泛好评。举办此次智库论坛，旨在凝聚各方智慧，达成理念共识，共商国际执法安全合作大计，为助力连云港论坛更好更快发展搭建智库平台，为携手共建执法安全命运共同体贡献智慧力量。2018年5月，智库还将以“深化执法安全合作，推动全球安全治理”为主题，举办国际警务智库论坛（2018）暨亚洲警察协会（AAPS）2018年年会。

四、创新体制机制，增强发展内在动力

新型公安智库建设尚处于起步发展阶段，智库发展能否适应新的形势任务，深化思想认识是基础，加强组织领导是关键，创新体制机制是重点。我们要秉持创新驱动理念，探索更加符合公安智库建设规律的体制机制，不断推动部、省级智库向高端迈进。一是创新完善“智政互动”机制，切实解决供需对接不畅的问题。针对当前智库建设中存在的供需对接不畅、缺乏制度性保障等问题，我们积极争取上级主管部门支持，创新完善“智政互动”机制，把智库对策研究与党政部门政策研究

紧密结合起来，促进信息共享和良性互动，引导和推动智库建设健康发展。二是创新完善智库科研管理体制，为产出高质量研究成果提供有力保障。我们已制定出台智库科研管理办法，明确由智库和实战部门共同策划选题、联合攻关，推动智库研究与决策需求无缝对接。在成果评价方面，确定智库成果类型以及转化认定标准，充分调动科研人员投入智库研究的积极性。三是创新完善聚才用才机制，为智库创新发展提供人才支撑。我们专门制定了智库研究人员聘任办法和激励政策，为智库引进人才、培养人才、用好人才提供制度保证。

关于如何建设城市警务智库的思考

李清哲 *

摘　要： 警务智库的服务特点决定了智库必须围绕公安发展创造好产品。搞好公安理论研究要紧密结合地区实情，要对现有的公安理论进行梳理整合，正确处理继承与发扬的关系，深入挖掘公安传统理论的潜力，使之更好地为现代公安工作服务。警务智库战略的目标研究要紧密结合各地实际，加强对社会形势和实际公安工作中重大战略性问题的研究。既要重视国家安全战略、政权安全战略、民生安全战略这些全局性、战略性领域研究，也要抓住基层公安机关最期待解决、公安事业最需要解决的紧迫问题进行战略思考。

关键词： 警务智库　智慧城市　赤峰市

笔者对于“智库”一词的认识，来源于金华经济技术开发区党工委委员、江南公安分局局长江栋同志撰写的《加强公安机关体制内智库建设的思考》一文。他认为公安智库、警务智库主要着力于国家安全、政权稳定、社会平稳、体制机制改革、公安队伍建设、法制建设等方面开展调研，通过专题调查报告、内参等方式直接为决策层服务，发挥着参谋和智库作用。

安全是城市健康发展的基本前提和根本保证。对于城市警务智库建设，从当前公安工作着眼，它是创新社会管理、驾驭复杂局势的重要举措，为公安事业科学发展、提升工作绩效提供了新动力。自 2015 年 9 月以来，苏州市公安局成立了“姑苏警务智库”，标志着中国特色新型智库建设的开端。同时为警务智库职能作了明确的定位，即开展事关公安工作长远发展的基础理论研究，为科学决策提供坚实的理论支撑；围绕社会治安和公安工作重大现实问题，开展多学科的综合研究，提出具有针对性和可操作性的政策建议。

2017 年年初，由赤峰市公安局办公室牵头，在赤峰市公安机关抽调了 20 余名擅长理论研究的民警，组成了赤峰公安特约研究协会。协会主要以警务创新研究、

* 李清哲，内蒙古自治区赤峰市公安局政治部干部。

决策咨询和公安学术交流为目标，初步建立了赤峰公安智库雏形，但距离真正意义上的警务智库还有着相当大的差距。这是赤峰公安对警务智库建设的最初探索。如何建设城市警务智库，需要依据所在城市现状进行认真思考和谋划。本文就以内蒙古自治区赤峰市为例，谈谈对如何建设城市警务智库的几点思考。

一、加强人才培养，坚持公安理论研究的前瞻性

人才培养是建设高水平智库的关键，在优化资源调备、强化理论调研的基础上，拓宽引进高素质人才的渠道，努力打造一支适应时代发展和公安工作需要的智囊团。对全市公安机关具有较高理论水平、较好文字功底、丰富工作经验的民警进行调查摸底，切实把那些能发现分析问题、能拿出对策思路、能提出超前思想的优秀人才出来，建立理论研究人才库。再根据工作需要，在一定范围内进行优化配置，做到适岗适配、人尽其才，充分发挥现有资源的作用。

全市各级公安机关要对在编民警的调研能力、调研潜力进行梳理，挖掘一批思路广、干劲足、有潜力、有担当的调研苗子，组织开展多种形式的公安工作调研，着力培养一批具有丰富工作经验的写作高手和调研强手，提高公安机关提出问题、发现问题、分析问题、解决问题的能力和水平。同时必须要以研究机构和专家学者为主线，科学整合研究资源，大力培育复合型人才，加强体制内外交流合作，着力于世界警务工作前沿理论、治安形势发展趋势和走向、党委政府要求和群众需求，用前瞻性研究成果影响公安机关政策制定和实施，使公安工作更具目的性、效益性。

二、明确研究层次，合力深化多方向课题研究

建设城市警务智库体系，需要明确研究的战略和战术层次，做到有指向、有侧重。

战略层面研究围绕着公安理论研究、市局党委决策部署、赤峰公安发展方向等战略性问题，以及编制体制、公安队伍建设、维护社会稳定等现实性问题开展研究，提出对策建议，通过各种方式影响决策层、服务决策层，提高全市公安机关科学决策、依法行政的水平，确保公安机关正确的发展方向。

战术层面研究以重点突出对影响和制约基层公安机关发展的瓶颈问题进行调研，在社会矛盾化解、社会管理创新、打击违法犯罪、规范执法执勤、队伍建设管理等战术层面探索新路子、总结新经验，进一步提高基层公安机关应对新情况、解决新问题的能力和水平，尤其是对当前公安机关“大部门、大警种”改革起着参考作用。在战术层面，体现了公安理论的实际运用，为警力配置、部门构建、职能整合等打下了坚实的理论基础。

三、围绕公安发展，努力提供便于实战的理论成果

智库的服务特点，决定了智库必须围绕公安发展创造出好产品。搞好公安理论研究要紧密结合地区实情，要对现有的公安理论进行梳理整合，正确处理继承与发扬的关系，深入挖掘公安传统理论的潜力，使之更好地为公安工作服务。加强警务智库战略的目标研究要紧密结合本地公安实践，加强对社会形势和实际公安工作中重大战略性问题的研究。既要重视国家安全战略、政权安全战略、民生安全战略这些全局性、战略性领域研究，也要抓住基层公安机关最期待解决、公安事业最需要解决的紧迫性问题进行战略思考。

警务智库建设要善于见微知著，定期设置公安理论研讨项目，加强研判分析，增强研究的前瞻性和预见性，从国内外形势的动态变化中看全局、抓趋势、找规律，从公安工作的动态发展中看长远、抓特点、找方向，切实提高战略思维、创新思维、辩证思维能力。警务智库建设不能坐而论道，必须增强研究的针对性和实用性，围绕如何优化警务工作机制、如何提高社会治安管控力、如何规范化执法、如何提高现有警力效能、如何增强思想政治工作的实效性等基础性问题进行研究，提出有的放矢的对策和建议，增强政策的影响力，破解当前公安工作中存在的瓶颈问题和发展难题，促进公安事业可持续发展。

四、树立大局观念，强化城市之间警务智库协作

伴随着城市化的迅猛发展，城市人口密度大，活动高度聚集，在产生集聚经济和规模经济的同时，蕴藏了大量安全风险问题，各种社会问题特别是公共安全问题困扰着城市的健康发展，因此就要树立大局观，应该从城市警务智库之间的社会管理协作入手。2017 年 12 月首届城市警务改革论坛在苏州胜利召开，从苏州立体化信息化社会治安防控体系建设、全面深化公安改革、全面推动科技信息化深度建设应用等方面提出了诸多可借鉴的宝贵经验。赤峰市是内蒙古自治区人口第一大市，毗邻河北、辽宁两个大省，城市警务智库的公共安全基础设施应共建共享，有利于提高各城市的发展效率，实现共赢。同时，随着赤峰市经济的快速发展，人财物大流动，城市之间警务智库的联系将更加紧密并逐渐融为一体。而与此伴生的是违法犯罪的交织融合，社会治安呈现一体化态势，矛盾风险具有同质同源特征，若其中一地出现违法犯罪现象或发生公共安全事件，极易产生“涟漪效应”，波及影响其他区域。如何有效应对违法犯罪新态势和公共安全事件新挑战，已成为规划和建设赤峰市与周边邻省亟须研究解决的一个重要课题。各城市警务智库之间在公共安全

需求方面具有目标一致性，良好的公共安全环境有益于改善投资创业环境、提升生活居住层次，会使毗邻城市整体受益。为此，推动城市警务智库安全健康发展，社会治理要确立合作、互通、共享的全新理念，围绕打造各负其责、共建共享的安全命运共同体，健全完善毗邻城市警务智库公共安全体系，切实增强城市公共安全工作的系统性、整体性、协同性。

五、深化科技应用，运用最新手段破解治理难题

提升城市警务智库效能，离不开智慧化安全城市系统的构建和数据科技的支撑。据悉，截至 2016 年 5 月，全国 95% 副省级以上城市，共有超过 500 座城市的政府提出建设智慧城市。目前，人工智能、人机交互、4D 打印、VR 技术、云平台、大数据等新技术，在许多行业领域甚至城市都得到广泛应用，高新科技给人们生活带来更多便利，也给城市管理带来新的机遇。2017 年 7 月河北智慧城市博览会在石家庄举行，宣布“河北互联网 + 智慧城市专家智库”成立，中国工程院院士沈昌祥在会上发表演讲指出：在发展建设智慧城市的同时，一定要树立起科学的网络安全观，通过建立起以可信计算环境、可信边界、可信网络通信为主体的主动免疫三重防护框架，为数据的存储、传输、处理保驾护航。针对当前信息系统建设存在的标准体系不统一、不规范，相关政策法规滞后等问题，要结合智慧城市建设部署，统筹规划城市大数据、云计算中心和物联网等基础设施建设，做到统一规划、整体设计、统筹发展。城市警务智库要从源头上推进信息系统标准规范与信息资源共享，实现大整合、高共享、深应用，充分发挥数据的最大效益。要充分依托大数据、云计算中心，善于从多源的、分散的、碎片化的大数据中找到规律，为维护公共安全提供创造性服务。坚持以信息流引导技术流、物质流，运用物联网等新技术，构建危爆品生产、运输、存储、销售、使用等全过程、无缝隙监管体系，把先进的理念、制度转化为程序上的硬约束，实现对各类风险自动识别、预警，预防和减少城市群公共安全事故的发生，为城市警务智库理论研究提供高效、快捷、准确的信息。

新型城市警务智库建设的苏州经验

苏敬劢 *

摘　要：苏州经验表明，城市警务发展要善于用好和发挥智库功能，为警务发展提供理论支撑，为领导决策提供智囊辅助，为加快人才培养打下扎实基础。警务智库的研究要善用科学思维方法，必须以“以人民为中心”发展思想和“创新、绿色、协调、开放、共享”发展理念主导研究警务发展，以“源头治理、系统治理、法治治理、综合治理”等现代治理理念研究和提出警务治理策略，以民本思维、集约思维、法治思维、科技思维、共治思维、生态思维等先进警务理念构思警务改革创新。城市警务发展越来越需要战略研究和战略管理，警务智库应更侧重于警务发展战略研究，同时注重依法履职、司法改革和警务大数据背景下的智库研究，警营生态建设包括基层党建也应成为智库研究的重点方向。

关键词：智库建设　城市警务　苏州经验

苏州警方历来重视智库建设，2009年年初就在全国率先提出和实践了被称为“草根智库”的创意警务，充分发动广大民警立足岗位创新创意破解警务发展的难题，取得了实实在在的成效；引导市局和县（分）局两级办公室摆脱一般事务纠缠，集中精力研究事关警务发展的战略性问题，真正发挥了“智囊团”的作用；先后出版了《创意警务论》《理性警察论》《现代警务论》《城市治安防控体系研究》《侦查公安侦查环节刑事和解》等重点课题成果，先后在全国率先提出和实践了系列“合成作战”“警务大数据建设与运用”和“警辅队伍建设”等改革创新项目；率先提出并积极建设新型城市警务智库，于2015年挂牌运行“姑苏警务智库”；在探索建设新型城市警务智库的同时，进一步深化研究事关城市警务改革发展的重大问题，形成了“警察思维论”“城市警务发展战略论”和“城市警务智库论”三个从发展思路上牵引城市警务智库建设的新“三论”，编辑出版了24期《姑苏警务智库通讯》，并编报“以审判为中心背景下公安侦查改革的意见和建议”“警务实战化背景下在

* 苏敬劢，江苏省苏州市警察协会工作人员。

职民警培训改革的实践与思考”和“以科学绩效考核推动警务战略发展的实践与思考”三期“智库专报”，得到了“公安部公安发展战略研究所”“公安部现代警务改革研究所”两个部级智库的认可，并被授予“城市警务研究中心”和“苏州警务智库”的牌匾，成为了名副其实的城市警务智库。

一、城市警务发展要善于用好和发挥智库功能

智库具有产生思想、辅助决策、培养人才和舆论引导四大功能，这四大功能对城市的警务发展至关重要。首先，每个城市的警务发展都需要理论支撑。在当今科技信息化特别是警务大数据背景下，在以审判为中心的诉讼制度改革的倒逼下，如何有效地组织开展城市警务工作，推动警务的全面协调可持续发展，必须要有切合本地实际的警务理论来指导时间。其次，每个城市警方都需要智囊团辅助决策。警察具有纪律部队的属性，警务工作必须服从上级的部署要求，但并非机械地照搬照套上级的要求，必须结合自身实际能动地组织开展工作。如何准确理解把握上级的部署精神又吃透本地的实际情况，研究提出具有可操作性的对策，需要智库的辅助。最后，每个城市的警务发展后劲都在于人才，只有借助一定的载体加快人才培养，才能既推动当前发展又为长远发展打下扎实基础。每个城市警务发展都要凝心聚力，形成团队的统一意志。综上所述，警务智库是重要的帮手，善于建设和用好智库，充分发挥城市警务智库的功能，不仅可以为城市警务发展提供相应的新思想、新思路和有效的对策建议，而且可以培养人才，有助于帮助引导警队同仁统一思想、凝心聚智、凝智聚力。

这些年苏州警务发展之所以相对较好，一定程度上得益于城市警务智库功能的有效发挥。2009 年以来，在创意警务的推动下，建立起了以 200 多名特约研究员和 2000 多名警用逻辑分会会员为骨干的智库研究队伍，不仅为警务改革发展提供了 20000 多个“金点子”，其中 3000 多个“精品点子”为各级、各部门在实际工作中提供了帮助，而且形成了一支数量可观的警务发展需要的想干事、会干事和干成事的警察人才队伍。智库研究推动形成了一批在全国警界有一定影响的理论与实践成果，课题的研究、实践和有意识地教育引导，在统一警队同仁思想，引导广大民警更新观念、锐意进取和改革创新等方面发挥了重要作用。

二、善于用科学思维方法导向智库研究

智库的首要作用是生产智力成果，而智库研究无论是正确的研究方向还是思路的有效拓展都有赖于科学的思维方法，因此城市警务智库必须以科学的思维来主导，

确保智库研究的正确方向和成果的有效性。以习近平总书记为核心的党中央提出了一系列治国理政的新理念新思想新战略，特别是党的十九大确定的习近平新时代中国特色社会主义思想，为城市警务智库的研究指明了方向，也提供了方法路径。

一是必须以“以人民为中心”发展思想和“创新、绿色、协调、开放、共享”发展理念来主导研究警务发展。习近平同志指出：“人民为中心的发展思想，不是一个抽象的、玄奥的概念，不能只停留在口头上、止步于思想环节，而要体现在经济社会发展各个环节。”这告诉我们，必须把以人民为中心的思想统一到经济社会的发展上来，当然也应该统一到警务发展之中。例如，在构思警务发展战略时，更加精准地对接发展所需、基层所盼、民心所向；在提供警务决策方案时，用以人民为中心的理念谋划发展，彻底摒弃那些不适应、不适合甚至违背新发展理念的认识和做法，坚决杜绝劳民伤财的“政绩工程”“形象工程”，多出经得起实践、人民和历史检验的好主意，多出打基础利长远的好方案。同时，要始终坚持发展依靠人民，依靠警队全体同仁的聪明才智，推动全警创业、万警创新，形成凝心聚智聚力干事创业的合力，最大限度地调动社会各界共建平安的积极性、能动性，进一步形成平安建设“人人为我、我为人人”和“社会共建”“齐抓共管”的格局。

“五大发展理念”对于警务发展战略的研究和实践具有很强的指导性，必须善于运用、大胆实践。按照创新发展的理念，深入分析研究破解警务发展中的各种难题的方法，尤其是如何通过深化制约警务发展的体制性、机制性问题的改革，破解“警力不足、动力不够、能力不强”三个“老大难”问题；按照协调发展的理念，深入分析研究警务工作的整体统筹发展、上下左右协调，尤其是探究城市整体的警务发展如何全面协调和可持续的问题；按照绿色发展的理念，深入分析研究警务发展中实际存在的警务布局不合理、不科学和资源分散、无为消耗的问题，探究如何科学用警和使用警务资源，最大限度地整合内部警务资源和警营生态并进行修复和改造的问题；按照开放发展的理念，深入研究警务发展中实际存在的“自我感觉良好，对人家的经验做法不屑一顾”和相互排斥、封锁信息数据影响警务大数据功能发挥等问题，探究如何以开放的心态和视野，加强地区之间、警种之间的互动交流、取长补短和紧密协作等问题；按照共享发展的理念，深入分析研究如何让警务发展成果更好地惠及人民群众和警队同仁，探究如何提高警务现代化建设的实力和能力，让警察同仁把无为的消耗减下来，尽可能“少加班加点”，尽可能让基层警察同仁基本保证休息休假，尽可能使警务工作采用大数据等科技信息化手段，提高警务工作效率，减少人工作业，降低工作强度等问题。

二是必须以“系统治理、依法治理、综合治理、源头治理”等现代治理理念来研究并提出警务治理策略。系统治理、依法治理、综合治理和源头治理是党的十八届三中全会提出的现代社会治理理念和方式。也就是说，我们要有效提升包括警务治理在内的社会治理水平，就必须牢牢掌握、灵活运用好这四种社会治理的理念和方式，以有效处理警务工作中遇到的各种矛盾和问题，提高警务工作效率和水平。警务智库在参与制定和实施警务发展战略过程中，要自觉地以系统、依法、综合和源头治理的理念来加强指导，提升警务发展的能力和水平。例如，对于警务治理中遇到的矛盾和问题，仅靠公安机关一方是难以有效解决的，在智库研究中始终要把握治理主体的多元化，在当好党委政府参谋助手和发挥好主力军作用的同时，积极依靠各级党政组织强有力的领导和协调，充分调动各种积极因素，吸纳社团组织、企事业单位和公众的广泛参与，将大量涉及治安稳定的社会性事务和服务性功能交由社会组织和公民社会来承担，并发挥好各种社会组织、公民个体的主体作用，将各个治理主体整合成一个有机的整体，形成全社会齐抓共管的治理格局。同时，运用法治思维方式解决社会矛盾和问题，综合运用多种手段和措施处理社会矛盾和问题，以及从基层基础入手，抓小、抓早、抓苗头，有效防止和减少社会矛盾和问题发生等，都应该成为智库必须把握的研究问题遵循的原则和思考提出对策的基本思维方法。

三是必须以民本思维、集约思维、法治思维、科技思维、共治思维、生态思维等先进警务理念来构思警务改革创新。改革创新，既要坚持问题导向，更要有先进的思维方法。例如，如何以民本思维来指导和推动警务模式转变，以实实在在的为民利民举措、实实在在为民警减负解压的警务战略策略来推动警务发展；如何以集约思维来指导科学利用警务资源，最大限度地整合资源、减少不必要的成本付出并提高警务效能；如何以法治思维来指导依法化解社会矛盾，有效预防和处置各类群体性事件，尽可能把群体性事件预防化解在酝酿和初期阶段；如何以科技思维来指导加快科技信息化建设和运用，让警务大数据有效改变战斗力生成模式，极大地提高警务效能；如何以共治思维来指导警务治理，积极当好党委政府的参谋助手，组织发动社会各界合力处理社会矛盾和问题，有效推进警务工作社会化；如何以生态思维来指导警队建设，跳出简单以“从严治警”“从优待警”教育管理队伍的思维定势，运用生态学的原理，通过营造良好的工作生态来调动大家干事创业的热情，增强警察个体和团队的能力素质，等等。智库应该认真理解和把握这些先进的警务理念，并将其有效地运用到警务理论和实践的研究之中。

三、智库应侧重于警务发展战略的研究

全面加强城市警务战略研究与实践，对于城市警务发展无疑非常重要，研究城市警务战略，并为城市警务发展提供必要的智力支持，这是每一个城市警务智库的主要任务。

一是城市警务发展越来越需要战略研究。长期以来，许多城市警方习惯于上面说什么就干什么，上面规定什么不能做就不做，讲究的是服从性，这是作为纪律部队所必须遵从的基本要求，但也不同程度地导致了警务组织安排上的被动性、依赖性，一定程度上也制约了城市警务事业的发展。例如，一些城市警方为改革而改革、为创新而创新，不注重对改革创新的整体性、系统性和前瞻性的研究谋划，导致一些改革创新举措不配套，实践中很难深入发展，甚至成为事实上的“瞎折腾”；一些警务工作只是从人财物等具体的问题，甚至是技术性操作上研究，缺乏从理念、思路、手段和机制等大的方面改革创新的谋划；执法规范化建设只注重了“规范”执法和加强监管，缺乏有效运用法律法规和先进科技手段治理犯罪和治安问题的高端统筹指导，等等。轰动全国的“辱母杀人案”背后暴露出的是警务战略功能的缺失，而不是基层民警接处警是否到位的战术问题，即上级机关只注重了接处警的执法规范及规程等技术性问题，而没有深入研究如何有效应对此类疑难警情，并给基层以具有可操作性的处警策略和指导，尤其是当今涉黑、涉恶违法犯罪已经从之前的寻衅滋事、街头砍杀等公开的“明火执仗”的方式，变为插手经济纠纷甚至设套放“高利贷”，并以“讨债”为名使用软暴力恣意骚扰、折磨所谓的“债务人”来获取暴利的趋势，许多城市警方没有从战略层面去分析研究，自然也没有采取有效的对策措施，值得反思。

二是城市警务发展必须运用战略管理来组织推动。有些人认为，人民警察是一支纪律部队，服从命令同样是人民警察的天职，公安工作历来是自上而下层层部署，由上级督促下级执行落实，因此城市警方没有也不应有自我发挥的空间。但笔者开展警务工作的实践经验表明，服从和执行上级工作部署与结合自身实际创造性和能动地组织工作，不仅不矛盾，而且是必须的，否则城市警务工作就会陷入被动；虽然上级的部署要求一般比较具体，但不可能考虑到各地的所有情况，所以不能简单照搬照套。因此，公安机关既要贯彻落实好上级的部署要求，又要结合自身实际来组织开展工作。苏州市公安机关一直比较注意团队战略发展，先后研究和实践了“‘六型’公安机关建设”和“警务现代化建设”发展战略，制定了警务战略发展的指标体系和行动纲要，在认真贯彻执行公安部和省厅党委各项决策部署的同时，按照自己确定的发展战略稳步组织推进，比较好地推动了各项警务工作的开展和队伍建设的良性发展。

三是城市警务智库必须助力战略管理。战略管理包括战略取向、战略决策和战略执行等。城市警务发展战略必须在正确的战略取向、科学的战略制定和有效的战略实施上做好文章、下足功夫，警务智库是其重要帮手。例如，一个城市的警务发展的战略愿景和目标是否体现了全面协调可持续发展；警务发展战略制定是否按照战略愿景、战略目标、战略重点、战略策略和战略阶段等战略要素来展开，战略制定的科学性如何；警务战略制定后是否稳步地有效推进实施等，都需要警务智库做好出谋划策和跟踪调研等辅助工作。

四、更加注重依法履职、司法改革和警务大数据背景下的智库研究

当前警务发展的三个带有时代特征的背景值得重点研究，即全面推进依法治国、以审判为中心的诉讼制度改革和警务大数据广泛建设运用的时代背景，这对于城市警务发展而言既是大好机遇，更是较大挑战，如何抢抓机遇迎接挑战，推动警务事业良性发展，智库研究应该发挥其特殊的功能。

一是依法有效履职应该成为智库研究推动警务发展的主题。全面依法治国是党中央治国理政“四个全面”重要布局之一，也是体现和检验国家和社会现代治理水平的重要方面。作为全面推进依法治国的主力军和重要的执法部门，公安机关负有重大责任，而当前最为紧迫的又是如何真正做到“法定职责必须为”。因为，在传统的警务治理中，公安机关的主要精力在维稳、反恐和破案打击，对于道路交通管理、危化品管理和大型活动安全保卫等法定职能一定程度上重视不够，加上警力受限，方法陈旧，无法实现真正有效的监管到位。然而，当前的形势是，一方面要求简政放权，绝大部分的监管事项取消前置审批，依靠审批许可来实现安全监管目的的功能越来越弱了；另一方面强调依法监管责任，特别是事中、事后监管，如果出了安全问题，严格倒查监管上失职渎职的问题。也就是说，公安机关如果还是用原来依靠审批许可和突击式、运动式检查等老一套方法来监管，且事中、事后监管不到位，那么依法被追究责任的风险就会越来越大。警务智库亟须针对依法监管难和执法风险高等问题，研究提出有效的警务发展战略和策略。

二是以审判为中心的诉讼制度下的警务改革应该成为智库研究推动警务发展的重点。刑事办案实现从以证据为中心到以审判为中心的转变，必然会倒逼警方侦查办案理念、思路、结构、手段和机制等一系列的改革创新。例如，现在大量刑事案件侦办的职责任务在基层派出所，也就是说侦查办案的结构是以基层派出所为主体，由于基层派出所承担了维稳、反恐、治安防范、公共安全监督管理和群众工作等大量繁杂的基础性工作，可谓应接不暇，加上侦查能力、手段有限，侦查办案中往往只能“短平快”地简单处理，这种侦查办案的结构很难与以审判为中心的诉讼制度相适应，必须迅速有效地进行改革创新。如何开展侦查办案改革创新，警务智库应该重点研究并提出切合当地实际的具有可操作性思路和方案，还要有效地跟踪反馈实践中遇到的问题，及时帮助提出调整完善的意见和建议。

三是建设和运用警务大数据和相应机制来破解警务治理难题，应该成为智库推动警务发展的主线。现阶段的警务治理难度系数不小，维稳、反恐、破案打击、防

范犯罪、公共安全监管等警务工作任务繁重，要求高又警力资源不足，但警务大数据和相应机制的建设和运用，往往是破解治理难题和缓解警力不足矛盾的好办法。苏州市公安机关通过警务智库先后破解了群体性事件预防、犯罪警情预测预防、涉黑涉恶犯罪智能识别、涉众型集资诈骗智能识别和预防、公共安全监管和火灾预测预防等警务治理中的疑难杂症，不仅很好地解决了问题，取得了工作的主动权，而且大大提高了警务效能，缓解了警务资源不足的矛盾。因此，城市警务智库应该在如何以问题为导向建设相应的智能平台，如何确保平台有大量鲜活准确的数据，且各类警务数据都能上网共享和有效地智能关联运用，以及建立相配套的运作机制等方面，深入调研分析，提出可行性方案，并密切关注、紧盯进度、狠抓落实，为警务大数据战略的实施做出贡献。

五、警营生态建设包括基层党建应成为智库的重点研究方向

城市警务发展关键是发挥人的作用，警务现代化关键是警察个体和队伍的现代化。如何建设一支具有现代化思想和业务素质的警察队伍推动警务事业发展变得越来越重要。

一是城市警务治理现代化首先是警察个体和队伍的现代化。国家治理体系和治理能力现代化对于城市警方的要求，就是要推动建设警察思想观念、警务发展方式、警务治理的手段和机制等方面的现代化。近年来，各地警方在这方面自觉或不自觉地进行了一些研究和实践，但都只是初步的探索，并且各地的研究成果差距很大，最主要的是警察个体和队伍的现代化意识和素质还跟不上。从苏州警方这些年的研究和实践来看，警务现代化建设首先是全体警察同仁都要有现代化的思维观念，必须持续不断地教育引导，让警务现代化在大家的脑海里扎根。因此，如何有效推进城市警务现代化，特别是警察个体和队伍的现代化，应该是城市警务智库的重点研究方向。

二是城市警务现代化有赖于良好的警营生态。城市警务的现代化首先是警察个体和团队素质能力的现代化，良好的警营生态又是培养和促进警察个体和团队素质能力现代化的环境和条件，是激发警察和警队“想干事、会干事、干成事和不出事”的重要基础条件。“民主和谐、积极向上、创新创意、风清气正、求真务实”是良好警营生态的主要特征。城市警务智库应该围绕良好警营生态建设这一重要课题，广泛调研，深入研究，多推出富有创造性的对策建议，助推警营生态乃至警务现代化建设。

三是良好的警营生态建设必须靠党建主导。和平时期，警察队伍是党和政府依靠和使用最多的、最重要的执法管理力量。党员在警察队伍的占比最高（占 80%-

90%），是“最优质的警力资源”。发挥好各级公安机关党组织的战斗堡垒和广大党员的先锋模范作用，是良好警营生态建设的重要支柱。警务智库应该重点研究警察队伍党建特别是基层警队的党建，尤其是在确保“三会一课”的常态化、党建带动队建、促进警务工作、有效地增强全体党员警察的党性观念、从维护实现党的利益的高度来干事创业等方面发挥积极作用，而不是简单化的政治说教。

《城市警务研究》丛书征稿启事

《城市警务研究》丛书由公安部公安发展战略研究所城市警务研究中心编辑，中国人民公安大学出版社公开出版发行，江苏省苏州市警察协会提供各方面支持。

《城市警务研究》丛书创意于首届全国城市警务智库建设论坛，秉承《首届全国城市警务智库建设论坛合力推进新型城市警务智库建设倡议书》宗旨，以党的十九大精神和习近平新时代中国特色社会主义思想为指引，高度重视新型城市警务智库建设，聚焦新时代警务发展大局，致力于城市警务研究成果的发表和共享。丛书主要刊载现代警务战略、城市安全管理、警务改革探索、警察队伍管理、警务智库建设等方面的研究论文，热烈欢迎各级各地公安民警，尤其是警务智库、警察协会的研究人员和政法公安院校的专家学者赐稿！

《城市警务研究》投稿格式要求：

一、投稿须提交 Word 文档电子文本，发送至电子邮箱 suzhoushijcxh@163.com，可同时提交 Word 文档纸质文本，邮寄或快递至江苏省苏州市姑苏区竹辉路 298 号 2 号楼 2 楼苏州市警察协会，陈玲收。邮编：215006，联系电话：0512-67786658。

二、标点符号均按照新版国家标准 GB/T15834—2011《标点符号用法》使用。

三、文章一级标题序号用“一、二 ……”，二级标题序号用“（一）、（二） ……”，三级标题序号用“1. 2.……” 。

四、注释一律使用脚注，每页重新编号，编号格式为“1、2……”，序号在引述内容之后。书籍引用，依次标明注号、著者、书名、出版单位、出版年、版次、页码。报刊引用，依次标明注号、作者、篇名、报刊名、年代卷次（版次）、出版日期。

五、本丛书内容会提供给相关数据网站，以便读者检索、引用。投寄本丛书稿件，视为作者同意此约定。

六、来稿需写明作者姓名、工作单位、职务职称、通信地址、邮政编码、手机号码、电子邮箱。